JN322544

これだけやれば必ず話せる！

The イングリッシュ 300

1. 日常会話入門編

Edwin T. Cornelius, Jr. =著
Lee Bo Young =監修

朝日出版社

English 900
Original edition ©1971 by Edwin Cornelius, Jr.
All rights reserved.

English-Korean edition © 2012 by Joanne Cornelius
and YBM
All rights reserved.

English-Japanese edition © 2014 by Asahi Press

All rights reserved. No part of this publication may be reproduced, stored in a retrieval system, or transmitted in any form, or by any means, (electronic, mechanical, photocopying, recording or otherwise) without the prior written permission of all of the copyright owner and the publisher of this book.

Printed in Japan

はじめに

「幼い子供のように学べ。
失敗を恐れていたら、英語は身につかない」

英語学習に王道はありません。それぞれのやりようです。「英語をやらなくては」という気持ちがどれだけ切実か、また本人がどれだけ努力するかによって、成果は違ってきます。

一日で英語を習得する秘訣など、ありません。とにかく英語を聞いて、話すことが最も大切です。以前、アフリカのコンゴで興味深い研究を行ったことがあります。その研究の結果、英語をひと言も話せなかったコンゴ人が、3カ月後には完璧に話せるようになっていました。彼らが話す声を聞くだけでは、ネイティブスピーカーと何ら変わりませんでした。なぜ、そこまで上達できたのでしょうか ── 。実は、これはアフリカに「口伝え」の伝統があったからこそ、可能だったのです。これは難しく考えずに、ただひたすら音を聞いてそれを真似するという古来からの方法です。教科書で読み書きを学ぶより、耳で聞いて覚え、復唱する方が、言葉の学習に適していることがはっきりと証明されたのです。幼い子供たちが言語を覚える過程を思い起こしてみてください。

「聞いて話す」ことのほかに、私が勧める最も効果的な英語勉強法は「反復学習」です。学んだことを完全に自分のものにするには「反復学習」が不可欠なのです。

「聞いて話す」に「反復練習」を組み入れて、私が作り出した最強の英語教材が本シリーズです。この教材を使って、「聞いて話す」ことに特に力を注いでください。学校で勉強した文法や単語、英文などは、皆さんの頭の中のどこかにあります。この教材は、皆さんがすでに学んだ内容が、「聞いて話す」そして「反復学習」を通じて口をついて出るように、効果的にお手伝いします。ひとつひとつの言葉と発音に集中できるようイヤホンを使って集中して聞いて、音声に続けてリピートしてください。

私が心血を注いで開発したこのシリーズが、皆さんの英語学習の大きな力になることを確信しています。

Edwin T. Cornelius, Jr.

だから信頼できる！本書の特長

1 アメリカ政府の依頼を受けて言語学者が作った米国標準英語の教材！

『The イングリッシュ300』は、全世界に米国の標準英語を普及させようと、米国政府がミシガン大学に依頼し、ELSの創立者であり著名な言語学者であるコーネリアス氏が長期にわたって研究し構成した教材『English 900』の最新改訂版です。彼が心血を注いで開発したこの教材は、皆さんが学校ですでに学び、頭の中のどこかをさまよっている英単語をあるべき場所に呼び集め、言葉となって口から出るように導いてくれます。

2 世界中の英語学習者によって効果が実証されている！

1970年代に大きな話題を呼び、全世界で1600万部以上売れた超ベストセラーです。今なお根強い人気があり、世界中の英語学習者が旧版『English 900』の再版を待ち望んできました。

3 実用的でやさしい英語！

本書に収録されているのは、なじみ深い英語ばかり。昔、中学校の英語の教科書で見たことがあるような、典型的な文です。そしてどれもが実際の生活で使われている、実用的でやさしい英語です。

4 「反復学習」➡「自動的に暗記」
効果をパワーアップして改訂！

コーネリアス氏の遺稿をもとに作られたこの改訂版は、既刊シリーズの900例文をほぼそのまま使いながら、「基礎編」「トレーニング編」の2段階に構成し、さらに効果的な学習を可能にしました。「基礎編」で基本文を覚えてから、「トレーニング編」の反復学習法を行えば、300例文×3冊で900の基本文が自然に覚えられます。多様なバージョンの英語音声は、通勤や登下校途中でも気軽に学習する助けとなるでしょう。

ベストセラーの理由とは？　学習者の声

宝物のような英会話教材

キム・ドンゴン

計31万ヒットを記録したブログ
「英語百遍義自見(http://duncankim.blog.me)」運営者

多くの人が、実にさまざまな理由で英会話を学ぶ。「英会話をやろう」と心に決めたら、最もやさしくて確実な方法を探すためにネットで検索したり、友人たちに聞いてみたりする。さらには書店の英会話コーナーに立ち寄り、最近どんな教材が売れているかチェックする。

私も、英会話とは因縁（？）が深く、本当に数多くの方法論にしがみついては多くの時間を費やしてきた。努力だけは誰にも負けないという自負をもって、良いといわれる勉強法をひとつずつ実践してみたが、どの方法を試してみても、英会話というものは簡単に短期間で身につくものではないために、勉強しようという決心を長く維持するのは難しかった。そうこうしているうちに私が探し出した宝物のような英会話教材が旧版の『English 900』である。今回、新しく改訂されて刊行されると聞き、個人的にとても嬉しい。

この本の最大の強みは、目標と分量が「確実」だということだ。 900例文（300例文×3冊）は、英会話を学ぼうとする人の能力や意欲によって、多いといえば多いし、少ないといえば少ない分量だ。私が勉強した経験から考えると、とても適切な分量であり、レベルも難しくない。この教材で繰り返し、音声を聞いて英語で話す訓練をしていけば、**話したいことが思い浮かんだ瞬間、英語が口をついて出てくるという驚くべき経験をすることになるだろう。**

> **信じて買う価値のある教材です。**

社会人になり仕事で英語を使うようになって、英語が話せたら…という思いが学生時代より切実にわいてきました。英語ができる職場の先輩にアドバイスを求めたところ、とにかく話して、暗記するのが定石だと言われました。本書で提唱されているコーネリアス氏の英会話学習法が正解のようです。勉強してみて、やはりこれに勝る勉強法はないように感じます。パターンを反復して話すトレーニングをしてみると、いつの間にか表現がしっかり身についているんですね。こうして900の基本文を暗記すれば、私に必要な会話程度は自信をもって話せる気がします。［28歳、社会人　イ・ヒウォン］

> **すぐ英語を身につけたい社会人は必見！**

大学のときに熱心に勉強した旧版の『English 900』に再び出会って、新たに英語の勉強を始めています。必須英語表現900を暗記して、多様なパターンの練習をしながら、長い文章を話す力を改めてつけることができて、学習効果は抜群です。何よりも、韓国を含む世界中の英語学習者の検証を受けた会話教材だということですから、急いで英語を身につけたい社会人はぜひ買って勉強しなければいけないと思います。［40歳、社会人　キム・ヨンウ］

> **負担にならない分量です。**

900の基本文さえ覚えれば英語ができるようになると聞いて、本当だろうかと半信半疑でした。それに、900というのは多すぎるのではないかとも思いましたが、実際に本を開いて1日分だけやってみたところ、負担にならずに思ったより楽にできました。「ひとりで英語を勉強するのがしんどい」という人にぴったりな教材だと思います。［23歳、大学生　ウォン・ミヒャン］

本書の構成

基礎編 → 基本文300を覚える!

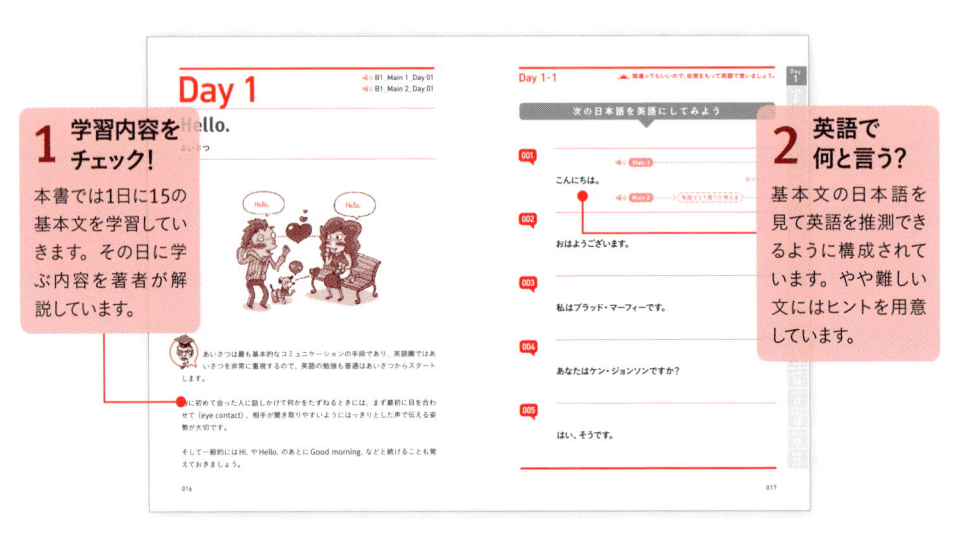

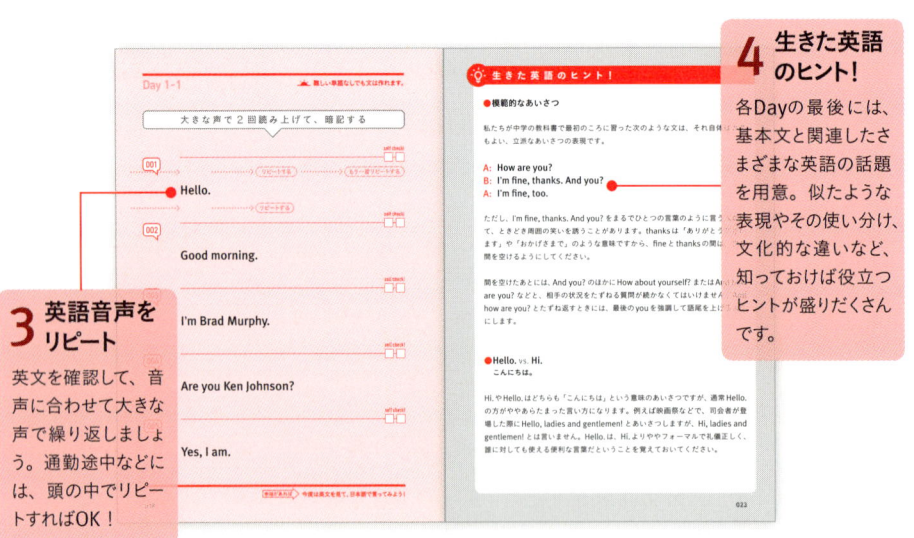

1 学習内容をチェック!
本書では1日に15の基本文を学習していきます。その日に学ぶ内容を著者が解説しています。

2 英語で何と言う?
基本文の日本語を見て英語を推測できるように構成されています。やや難しい文にはヒントを用意しています。

3 英語音声をリピート
英文を確認して、音声に合わせて大きな声で繰り返しましょう。通勤途中などには、頭の中でリピートすればOK!

4 生きた英語のヒント!
各Dayの最後には、基本文と関連したさまざまな英語の話題を用意。似たような表現やその使い分け、文化的な違いなど、知っておけば役立つヒントが盛りだくさんです。

「基礎編」→「トレーニング編」で効果的に学習！

トレーニング編 反復学習で、記憶を定着させる！

Step 1 リエゾンと区切り読み
15の基本文を、リエゾン（連音）と区切り読みに注意しながら、音声に続いてリピートします。

Step 2 短い会話の練習
短い会話形式で、基本文の使い方を学習。問題文の日本語を英語でどう言うか考えながら、AとBそれぞれのパートを声に出してリピートしましょう。

Step 3 パターン学習
基本文のパターンを応用して、いろいろな単語を入れ替えてリピート。さまざまな状況に応じて基本文を使う力がつきます。

Step 4 長い会話の練習
実際の生活で基本文が使えるように、長い会話形式でA→Bのパート順にリピート。これまでに覚えた基本文が入っています。

練習の成果をチェック！
日本語を見て0.5秒以内に英語で言えるかチェック。うまく思い出せなくてもあきらめず、練習を繰り返せば、100%目標を達成できるはずです。

009

本書の使い方

基礎編　1日に15基本文を覚える

基礎編（🔊 Main 1）×20日

週	月曜日		火曜日		水曜日		木曜日		金曜日	
第1週	Day 1	/	Day 2	/	Day 3	/	Day 4	/	Day 5	/
第2週	Day 6	/	Day 7	/	Day 8	/	Day 9	/	Day 10	/
第3週	Day 11	/	Day 12	/	Day 13	/	Day 14	/	Day 15	/
第4週	Day 16	/	Day 17	/	Day 18	/	Day 19	/	Day 20	/

トレーニング編　記憶を確実に定着させる

トレーニング編（🔊 Training 1）×20日

週	月曜日		火曜日		水曜日		木曜日		金曜日	
第1週	Day 1	/	Day 2	/	Day 3	/	Day 4	/	Day 5	/
第2週	Day 6	/	Day 7	/	Day 8	/	Day 9	/	Day 10	/
第3週	Day 11	/	Day 12	/	Day 13	/	Day 14	/	Day 15	/
第4週	Day 16	/	Day 17	/	Day 18	/	Day 19	/	Day 20	/

★ 短期集中して学習したい人は…

1日に 基礎編 ＋ トレーニング編 をやれば、より短期間で効果的に学習できます。

学習用の音声について

付属CDには、基礎編の音声 Main 1 が収録されています。
他の音声は、インターネットを使って無料でダウンロードすることができます。

申請サイトURL　http://www.asahipress.com/te3001nkn/

また、別売CDで購入することも可能です。(318ページ参照)

基礎編

学習用

🔊 **Main 1　聞いて、リピートする**　　　　　　　　　Day/約4〜5分
日本語に続いてネイティブスピーカーの音声を聞いて、声に出して2回繰り返します。初めてこの本を使う人におすすめです。

復習用

🔊 **Main 2　日本語を聞いて、英語で言ってみる**　　Day/約3〜4分
日本語を聞いて、それを英語でどう言うか考えてから、ネイティブスピーカーの音声を聞いて、声に出してリピートします。復習して、ちゃんと覚えているかチェックしたい人におすすめです。

聞き流し用

🔊 **Main 3　300例文をアメリカ人の発音で**　　　　約30分
通勤途中などに聞きたい方におすすめです。

聞き流し用

🔊 **Main 4　300例文をイギリス人の発音で**　　　　約30分
TOEICリスニング対策として、イギリス英語の聞き取りにおすすめです。

トレーニング編

学習用

🔊 **Training 1　聞いて、リピートする**　　　　　　Day/約10分
トレーニング編のすべての内容を、本の指示に従ってそれぞれ1回ずつリピートできるように構成されています。

聞き流し用

🔊 **Training 2　すべての音声を聞く**　　　　　　　Day/約6分
音声だけを集めたものを聞いて学習したいという人におすすめです。

本書で使う学習法

本書のトレーニング編の Step 1 では、以下の学習法を取り入れることで、より効果的に学習できるよう構成してあります。

リエゾン(連音)

リエゾン(連音)は、前の単語の語尾の子音と、次の単語の語頭の母音または子音がつながって、ひとつのまとまった音として発音されることです。

[例]
Come in, please.

Stand up, please.

色のついた部分がリエゾン(連音)となっているところです。リエゾン(連音)に注意しながらリピートすることで、ネイティブの発音を身につけていきましょう。

区切り読み

同時通訳者はスピーカーが話し始めるのとほぼ同時に訳し初め、話し終えるのとほぼ同時に訳し終えます。このようなことが可能なのは、通訳者は耳から入ってくる情報をできるだけそのまま、入った順番に従って理解するよう務めているからです。この方法を英文のリーディングに取り入れたのが、区切り読みです。練習では英文を語順通りに目で追い、情報・意味のかたまりごとにスラッシュ（/）で区切って理解していきます。

[例]
I was in the hospital / for several weeks / last month.

区切り読みの最大のメリットは、英文がスピーディーに理解できるようになるという点です。従来の英文読解法では英文を理解する際に、後ろから前に戻って訳すことが多いため、どうしても読む速度が遅くなってしまいます。その点、区切り読みでは文頭から先へ先へと読み進むので、視点を何度も大きく行き来させる必要がなく、効率よく読むことが可能です。

CONTENTS

はじめに ……………………………………………………………… 003
だから信頼できる！ 本書の特長 …………………………………… 004
ベストセラーの理由とは？ 学習者の声 …………………………… 006
本書の構成 …………………………………………………………… 008
本書の使い方 ………………………………………………………… 010
学習用の音声について ……………………………………………… 011
本書で使う学習法 …………………………………………………… 012

基礎編

Day 1　Hello.　あいさつ ……………………………………………… 016
Day 2　Come in, please.　依頼と命令 ……………………………… 024
Day 3　What's this?　物事について言う（単数） ………………… 032
Day 4　What are these?　物事について言う（複数） …………… 040
Day 5　What do you do?　職業 ……………………………………… 048
Day 6　What's your name?　自己紹介 ……………………………… 056
Day 7　What day is today?　曜日と月 ……………………………… 064
Day 8　Do you have a cell phone?　所有 …………………………… 072
Day 9　What time is it?　時間 ………………………………………… 080
Day 10　What's the date today?　日にちと場所 …………………… 088
Day 11　What do you want?　欲しいものについて言う ………… 096
Day 12　Do you speak English?　言語 ……………………………… 104
Day 13　What are you doing?　していることについて言う …… 112
Day 14　How old are you?　年齢 …………………………………… 120
Day 15　What time do you get up every day?　習慣 ……………… 128
Day 16　What time did you get up yesterday morning?　昨日あったこと …… 136
Day 17　Where did you go yesterday?　友達と話す ……………… 144

013

Day 18	What time did you use to get up last year? 過去について言う	152
Day 19	Where do you live? 近所の人と会話する	160
Day 20	Where were you going when I saw you at the mall? 過去にしたこと	168

トレーニング編

Day 1	Hello. あいさつ	178
Day 2	Come in, please. 依頼と命令	184
Day 3	What's this? 物事について言う（単数）	190
Day 4	What are these? 物事について言う（複数）	196
Day 5	What do you do? 職業	202
Day 6	What's your name? 自己紹介	208
Day 7	What day is today? 曜日と月	214
Day 8	Do you have a cell phone? 所有	220
Day 9	What time is it? 時間	226
Day 10	What's the date today? 日にちと場所	232
Day 11	What do you want? 欲しいものについて言う	238
Day 12	Do you speak English? 言語	244
Day 13	What are you doing? していることについて言う	250
Day 14	How old are you? 年齢	256
Day 15	What time do you get up every day? 習慣	262
Day 16	What time did you get up yesterday morning? 昨日あったこと	268
Day 17	Where did you go yesterday? 友達と話す	274
Day 18	What time did you use to get up last year? 過去について言う	280
Day 19	Where do you live? 近所の人と会話する	286
Day 20	Where were you going when I saw you at the mall? 過去にしたこと	292
	TRANSLATIONS 日本語訳	298
	音声データについて／別売CDについて	318

基礎編
基本文300を覚える！

Day 1

🔊 CD track 01 (🔊 B1_Main 1_Day 01)
　　　　　　　 🔊 B1_Main 2_Day 01

Hello.

あいさつ

あいさつは最も基本的なコミュニケーションの手段であり、英語圏ではあいさつを非常に重視するので、英語の勉強も普通はあいさつからスタートします。

特に初めて会った人に話しかけて何かをたずねるときには、まず最初に目を合わせて（eye contact）、相手が聞き取りやすいようにはっきりとした声で伝える姿勢が大切です。

そして一般的にはHi. やHello. のあとにGood morning. などと続けることも覚えておきましょう。

Day 1-1

間違ってもいいので、自信をもって英語で言いましょう。

次の日本語を英語にしてみよう

001

こんにちは。

002

おはようございます。

003

私はブラッド・マーフィーです。

004

あなたはケン・ジョンソンですか？

005

はい、そうです。

Day 1-1

難しい単語なしでも文は作れます。

大きな声で 2 回読み上げて、暗記する

001
Hello.

002
Good morning.

003
I'm Brad Murphy.

004
Are you Ken Johnson?

005
Yes, I am.

余裕があれば 今度は英文を見て、日本語で言ってみよう！

Day 1-2

☀ 文が長く感じられるようなら、分けて考えてみよう。

次の日本語を英語にしてみよう

006
お元気ですか?

007
元気ですよ、おかげさまで。

008
ヘレンは元気ですか?

009
彼女はとても元気ですよ、おかげさまで。

010
こんにちは、マーフィーさん。

ヒント 午後のあいさつ

Day 1-2

☀ 文は長くても内容は簡単です。大きな声で練習しましょう。

> 大きな声で2回読み上げて、暗記する

006

How are you?

007

Fine, thanks.

008

How is Helen?

009

She's very well, thank you.

010

Good afternoon, Mr. Murphy.

余裕があれば ▶ 今度は英文を見て、日本語で言ってみよう！

Day 1-3

文が思い浮かばなかったら、まずキーワードを考えてみよう。

次の日本語を英語にしてみよう

011

こんばんは、マケインさん。

ヒント 夜のあいさつ

012

今晩の気分はいかがですか?

013

おやすみなさい、ジョン。

014

さようなら、ビル。

015

じゃあ、また明日。

Day 1-3

☪★中学レベルの単語だけで文は作れます。

大きな声で2回読み上げて、暗記する

011

Good evening, Mr. McKane.

012

How are you this evening?

013

Good night, John.

014

Goodbye, Bill.

015

See you tomorrow.

余裕があれば 今度は英文を見て、日本語で言ってみよう！

生きた英語のヒント！

●模範的なあいさつ

私たちが中学の教科書で最初のころに習った次のような文は、それ自体はとてもよい、立派なあいさつの表現です。

A: How are you?
B: I'm fine, thanks. And you?
A: I'm fine, too.

ただし、I'm fine, thanks. And you? をまるでひとつの言葉のように言う人がいて、ときどき周囲の笑いを誘うことがあります。thanks は「ありがとうございます」や「おかげさまで」のような意味ですから、fine と thanks の間は、少し間を空けるようにしてください。

間を空けたあとには、And you? のほかに How about yourself? または And how are you? などと、相手の状況をたずねる質問が続かなくてはいけません。And how are you? とたずね返すときには、最後の you を強調して語尾を上げるようにします。

●Hello. vs. Hi.
こんにちは。

Hi. や Hello. はどちらも「こんにちは」という意味のあいさつですが、通常 Hello. の方がややあらたまった言い方になります。例えば映画祭などで、司会者が登場した際に Hello, ladies and gentlemen! とあいさつしますが、Hi, ladies and gentlemen! とは言いません。Hello. は、Hi. よりややフォーマルで礼儀正しく、誰に対しても使える便利な言葉だということを覚えておいてください。

Day 2

CD track 02 (B1_Main 1_Day 02)
B1_Main 2_Day 02

Come in, please.

依頼と命令

英語を勉強するときに、まず最初に覚えることのひとつに命令文があります。命令文は、動詞を文の前に出すだけでいいので、構造がとてもシンプルで簡単です。「(ドアを) 開けて！」と言いたいなら Open で始めればいいし、「(宿題を) しなさい」なら Do で始めればいいわけです。

ただ、実際にはこのように相手に行動を強いる命令形は、かなり親しい間柄の友人や家族の間でしか使わず、普通は文の最初か最後に please をつけます。例えば、ただ Open the door. と言うよりも、Open the door, please. と言った方が、はるかに耳に心地よく響きますね。

それでは、始めましょう。Now begin, please!

Day 2-1

間違ってもいいので、自信をもって英語で言いましょう。

次の日本語を英語にしてみよう

016
どうぞお入りください。

017
座って。

018
立ってください。

019
ドアを開けてください。

020
ドアを閉めてください。

Day 2-1

難しい単語なしでも文は作れます。

大きな声で2回読み上げて、暗記する

016 Come in, please.

017 Sit down.

018 Stand up, please.

019 Open the door, please.

020 Close the door, please.

余裕があれば 今度は英文を見て、日本語で言ってみよう！

Day 2-2

文が長く感じられるようなら、分けて考えてみよう。

次の日本語を英語にしてみよう

021

ドアを開けないで。

022

分かりますか？

ヒント 分かる understand

023

はい、分かります。

024

いいえ、分かりません。

025

よく聞いて。

ヒント よく、注意深く carefully

Day 2-2

> 文は長くても内容は簡単です。大きな声で練習しましょう。

大きな声で2回読み上げて、暗記する

021

Don't open the door.

022

Do you understand?

023

Yes, I understand.

024

No, I don't understand.

025

Listen carefully.

余裕があれば 今度は英文を見て、日本語で言ってみよう！

Day 2-3

☪ 文が思い浮かばなかったら、まずキーワードを考えてみよう。

次の日本語を英語にしてみよう

026

では、読んでください。

027

それで結構です。

028

始める時間です。

029

それでは、始めましょう。

030

急いでください。

Day 2-3

☾ 中学レベルの単語だけで文は作れます。

大きな声で2回読み上げて、暗記する

026

Now read, please.

027

That's fine.

028

It's time to begin.

029

Let's begin now.

030

Please hurry.

余裕があれば 今度は英文を見て、日本語で言ってみよう！

生きた英語のヒント！

● **What's the magic word? — Please.**
魔法の言葉は？ —— それは Please です。

冒頭でも言いましたが、誰かに何かをしてもらうときや、何かを頼むときに欠かせない言葉が please です。でも、英語のネイティブスピーカーでも言い忘れてしまうことがたまにあります。そのようなときは、please をつけ忘れたことを相手に気づかせるために、What's the magic word? とたずねたりします。人に何か頼み事や指示をしたりするときに、この言葉さえつけておけば聞いてもらえる —— そんなところから、please は「魔法の言葉」と呼ばれるようになったようです。

子どもをしつける際によく使われる表現ですが、大人同士が冗談めかして言ったりすることもあります。単刀直入に Hey, you didn't say "please!"（おい、君は今「プリーズ」と言わなかったぞ！）とは言わずに、「あの魔法の言葉は何だったっけ…？」と言うのです。

Day 3

CD track 03 (🔊 B1_Main 1_Day 03)
🔊 B1_Main 2_Day 03

What's this?

物事について言う（単数）

あるものを指して、「これは何か」「これは誰のものか」「あなたのものか」というような質問をして、それに答える練習をしていきましょう。

YesまたはNoで答える質問の場合でも、単にYesやNoと答えるのではなく、Yes, it is. あるいはYes, it's mine. やYes, it's my book. のように、相手が言った言葉を受けてそれを繰り返して答える習慣を身につけましょう。ただYesやNoと言うよりもずっと丁寧に聞こえますし、意味をはっきり伝えることができます。

Day 3-1

間違ってもいいので、自信をもって英語で言いましょう。

次の日本語を英語にしてみよう

031
これは何ですか?

032
この携帯電話は彼のですか?
ヒント 携帯電話 cell phone

033
それは私の携帯電話です。

034
これはあなたのノートパソコンですか?

035
いいえ、それは私のノートパソコンではありません。

Day 3-1

難しい単語なしでも文は作れます。

> 大きな声で2回読み上げて、暗記する

031
What's this?

032
Is this cell phone his?

033
That's my cell phone.

034
Is this your notebook?

035
No, that's not my notebook.

余裕があれば 今度は英文を見て、日本語で言ってみよう！

Day 3-2

☀ 文が長く感じられるようなら、分けて考えてみよう。

次の日本語を英語にしてみよう

036

これは誰の携帯電話ですか?

037

それはあなたの携帯電話です。

038

それから、あれは何ですか?

039

あれはスマートフォンですか?

040

いいえ、違います。

Day 3-2

文は長くても内容は簡単です。大きな声で練習しましょう。

> 大きな声で2回読み上げて、暗記する

036

Whose cell phone is this?

037

That's your cell phone.

038

And what's that?

039

Is that a smartphone?

040

No, it isn't.

余裕があれば 今度は英文を見て、日本語で言ってみよう！

Day 3-3

🌙 文が思い浮かばなかったら、まずキーワードを考えてみよう。

次の日本語を英語にしてみよう

041

それは普通の携帯電話です。

ヒント （スマートフォンに対する）普通の携帯電話 regular phone

042

それはあなたのですか？

043

はい、それは私のです。

ヒント 私のもの mine

044

ドアはどこですか？

045

そこにあります。

ヒント そこに there

Day 3-3

🌙 中学レベルの単語だけで文は作れます。

大きな声で2回読み上げて、暗記する

[041]

It's a regular phone.

[042]

Is it yours?

[043]

Yes, it's mine.

[044]

Where's the door?

[045]

There it is.

余裕があれば ▶ 今度は英文を見て、日本語で言ってみよう！

生きた英語のヒント！

●**間違えやすい英語**──
 Whose vs. Who's、There's vs. Theirs

英語のネイティブスピーカーでも混同しやすいこの2組の単語は、それぞれまったく違う意味で、使い方も異なります。

Whose は「誰のものか」をたずねるときに使う疑問詞で、これと発音がほとんど同じWho's は、Who is を縮めたもので、「誰が〜ですか？」という意味です。

例）**Whose bag is this?** 　これは誰のカバンですか？
　　Who's that over there? 　あそこにいる人は誰ですか？

また、There's は There is を縮めたものですが、これと発音がほとんど同じ Theirs は「彼らのもの」という意味で、つづりも意味も異なります。

例）**There's John by the tree.** 　ジョンはその木の近くにいます。
　　Theirs is over there. 　彼らのものはあそこにあります。

Day 4

🎧 CD track 04 (🔊 B1_Main 1_Day 04)
　　　　　　 🔊 B1_Main 2_Day 04

What are these?

物事について言う（複数）

本2冊、ペン5本など、複数の物についてたずねたり答えたりする場合はどう言ったらいいのでしょうか。そう、ここで注意すべき点は、その物の名前のあとに -s や -es をつけるということです。

また、「この〜」「あの〜」などと表現するときの「この」や「あの」も、英語では複数になると変わります。this が these に、that が those になるわけですね。このように、英語には面倒くさい約束事があって、学習者は混乱しやすいものです。そのため、文をまるごと復唱する練習をたくさん行うことが必要になってくるのです。

Day 4-1

次の日本語を英語にしてみよう

046
これらは何ですか？
ヒント これら these

047
それらは本です。
ヒント それら those

048
それらの本はどこにありますか？

049
それらはそこにあります。

050
これらは私のペンです。

Day 4-1

難しい単語なしでも文は作れます。

大きな声で2回読み上げて、暗記する

046 What are these?

047 Those are books.

048 Where are the books?

049 There they are.

050 These are my pens.

Day 4-2

文が長く感じられるようなら、分けて考えてみよう。

次の日本語を英語にしてみよう

051

あなたのペンはどこにありますか?

ヒント ペンは複数形。

052

それらはあそこにあります。

ヒント あそこに over there

053

これらはあなたのペンですか?

054

はい、そうです。

055

それらは私のものです。

Day 4-2

文は長くても内容は簡単です。大きな声で練習しましょう。

大きな声で2回読み上げて、暗記する

051
Where are your pens?

052
They're over there.

053
Are these your pens?

054
Yes, they are.

055
Those are mine.

余裕があれば 今度は英文を見て、日本語で言ってみよう！

Day 4-3

文が思い浮かばなかったら、まずキーワードを考えてみよう。

次の日本語を英語にしてみよう

056
これらはあなたの本ですよね？

057
いいえ、違います。

058
それらは私のものではありません。

059
それらはあなたのペンではないですよね？

060
これらは私のもので、それらはあなたのものです。

Day 4-3

中学レベルの単語だけで文は作れます。

> 大きな声で2回読み上げて、暗記する

056 These are your books, aren't they?

057 No, they aren't.

058 They're not mine.

059 Those aren't your pens, are they?

060 These are mine, and those are yours.

余裕があれば 今度は英文を見て、日本語で言ってみよう！

生きた英語のヒント！

●**They aren't mine. vs. They're not mine.**
それは私のものではありません。vs. それは私のものではないんです。

2つの例文はどちらも「それらは〜ではない」という意味にとることができます。aren'tはbe動詞のareとnotが合わさった形です。一方で、TheyとareをつなげてThey'reとし、後ろにnotをつけてThey're notと言うケースもよく見かけます。

では、2つの文にはどのような違いがあるのでしょうか。大きな違いはなく使われることがほとんどですが、英語で単語を分けるのは、その意味を強調するためですから、They aren'tよりもThey're notの方が、notをより強調しているといえます。つまり、「〜ではない」ことをはっきりと示したい場合にThey're notと言うわけです。

047

Day 5

CD track 05 (B1_Main 1_Day 05)
B1_Main 2_Day 05

What do you do?

職業

人の職業や地位をたずねたり、それに答えたりする表現を覚えましょう。

「職業」はoccupationやjobですが、日本語では「何をなさっているのですか？」と聞くように、英語でも普通はWhat do you do? などと言います。

でも、いきなり相手の職業や地位をたずねると、礼儀知らずだと思われたり、気まずい雰囲気になってしまうこともあります。ですから、まずは初対面のあいさつをしてから、自然と職業などに話題を移していくのがいいでしょう。

Day 5-1

間違ってもいいので、自信をもって英語で言いましょう。

次の日本語を英語にしてみよう

061

Main 1 …………………………………………▷

あなたは何の仕事をしていますか？ 次ページへ

Main 2 ……▷ 英語でどう言うか考える ……………▷

062

私は技術者です。

ヒント 技術者 engineer

063

あそこにいる人は誰ですか？

064

彼も学生です。

ヒント 〜もまた too

065

あの男性はここの学生ですか？

ヒント 男性、男 guy

Day 5-1

難しい単語なしでも文は作れます。

大きな声で2回読み上げて、暗記する

061
What do you do?

062
I'm an engineer.

063
Who is that over there?

064
He's a student, too.

065
Is that guy a student here?

余裕があれば 今度は英文を見て、日本語で言ってみよう！

Day 5-2

文が長く感じられるようなら、分けて考えてみよう。

次の日本語を英語にしてみよう

066

いいえ、彼は違います。

067

あの男性たちも学生ではありません。

ヒント 〜も…でない either

068

あなたはうちのクラス（の学生）ですか？

069

いいえ、私は学生ではありません。

070

あの男性はここの教授ですよね？

ヒント 教授 professor

Day 5-2

☀ 文は長くても内容は簡単です。大きな声で練習しましょう。

大きな声で2回読み上げて、暗記する

066
No, he isn't.

067
Those men aren't students, either.

068
Are you in my class?

069
No, I'm not a student.

070
That man is a professor here, isn't he?

余裕があれば ▶ 今度は英文を見て、日本語で言ってみよう！

Day 5-3

🌙 文が思い浮かばなかったら、まずキーワードを考えてみよう。

次の日本語を英語にしてみよう

071

ええ、彼はそうです。

072

あの人たちは誰ですか？

073

彼らはたぶん警備員でしょう。

ヒント たぶん maybe　警備員 security guard

074

彼らは学生ではないのですか？

075

私は本当に知りません。

Day 5-3

🌙 ★ 中学レベルの単語だけで文は作れます。

大きな声で2回読み上げて、暗記する

071

Yes, he is.

072

Who are those people?

073

Maybe they're security guards.

074

Aren't they students?

075

I really don't know.

余裕があれば ▶ 今度は英文を見て、日本語で言ってみよう！

生きた英語のヒント！

●Do you work here?
　ここで働いている方ですか？

お店で店員に何かをたずねたいときに、相手が店員かお客か、よく分からないことがありますよね。そんなときはExcuse me, do you work here? と聞いてみるのがいいでしょう。「失礼ですが、ここで働いている方ですか？」という意味です。相手が店員なら、Yes, I do. How may I help you? と答えるでしょうし、お客の場合にはNo, I don't. と簡単に言うでしょう。

●Q: What do you do?　どんなお仕事をしていらっしゃるのですか？
　A: I work for Google.　私はグーグルに勤めています。

相手の職業をたずねるときにWhat do you do? という表現を使うことは、これまで見てきました。それでは、「私は会社員です」と答えるときはどう言えばいいでしょう？　意外とすんなり答えが出てこないのではないでしょうか。「私は会社員です」と言いたいときには、I work for Google. のように、具体的な会社名を出せばいいのです。間違っても会社員という意味のoffice workerを使ってI am an office worker. などと言わないようにしてください。

055

Day 6

🎵 CD track 06 (🔊 B1_Main 1_Day 06)
🔊 B1_Main 2_Day 06

What's your name?

自己紹介

> What's your name?

> 私は誰でしょう？当ててみよ

相手の名前をたずねたり、自己紹介したりする表現を覚えていきましょう。

「あなたのお名前は？」のように、「何であるのか」をたずねるときは、疑問詞のWhatで文を始め、「つづりはどう書くのでしょうか？」「いかがお過ごしですか？」のように、「どのように」をたずねる質問はHowで始めます。

また、知り合いを別の相手に紹介するときには、He is... や She is... とは言わず、This is...（誰それ）と言うことも覚えておきましょう。名前を紹介したあとには、それぞれの職業や自分との関係を話せば、会話が続けやすくなります。

Day 6-1

間違ってもいいので、自信をもって英語で言いましょう。

次の日本語を英語にしてみよう

076
お名前は？

077
私の名前はフィリップです。

078
あなたの名字は何ですか？
ヒント 名字 last name

079
私の名字はマイヤーズです。

080
あなたのファーストネームはどうつづりますか？
ヒント つづる spell

Day 6-1

難しい単語なしでも文は作れます。

大きな声で2回読み上げて、暗記する

076
What's your name?

077
My name is Phillip.

078
What's your last name?

079
My last name is Meyers.

080
How do you spell your first name?

余裕があれば 今度は英文を見て、日本語で言ってみよう！

Day 6-2

文が長く感じられるようなら、分けて考えてみよう。

次の日本語を英語にしてみよう

081

フィリップ、P-H-I-L-L-I-Pです。

082

お友達は何という名前ですか？

083

彼の名前はデビッド・スペンサーです。

084

デビッドと私は昔からの友人です。

ヒント 昔からの old

085

あなたはデビッドのお兄さん（弟さん）ですか？

Day 6-2

☀ 文は長くても内容は簡単です。大きな声で練習しましょう。

大きな声で2回読み上げて、暗記する

081 Phillip, P-H-I-L-L-I-P.

082 What's your friend's name?

083 His name is David Spencer.

084 David and I are old friends.

085 Are you David's brother?

余裕があれば ▶ 今度は英文を見て、日本語で言ってみよう！

Day 6-3

🌙 文が思い浮かばなかったら、まずキーワードを考えてみよう。

次の日本語を英語にしてみよう

086

いいえ、私は違います。

087

こちらはマイヤーズさんです。

088

はじめまして。

> ヒント Howで始める。

089

ティルマン夫人、こちらはエリオット・キムさんです。

090

お会いできて、とてもうれしいです。

> ヒント うれしい、楽しい nice

Day 6-3

🌙 中学レベルの単語だけで文は作れます。

大きな声で2回読み上げて、暗記する

086　No, I'm not.

087　This is Mr. Meyers.

088　How are you doing?

089　Mrs. Tillman, this is Mr. Elliott Kim.

090　Very nice to meet you.

余裕があれば　今度は英文を見て、日本語で言ってみよう！

生きた英語のヒント！

- **How do you do?** はじめまして。
  - vs. **Hello. / How are you?** こんにちは。/ お元気ですか？
  - vs. **What's up?** 元気？

How do you do? という英語は誰でも知っているでしょう。でも、いつの頃からか、英語教材で How do you do? という表現をあまり見かけなくなりました。「こんな表現は誰も使わない、死語だ」などと言う人もいます。しかし、実際はそのようなことはありません。フォーマルな場所では、今なお一般的に使われる表現であり、特に初めて会った人に対して丁寧なあいさつをするときにはよく使われます。

ただし、もう少しカジュアルな状況なら、Hello. または How are you? の方が一般的です。これらは失礼にならない、最も無難な表現でもあります。

さらに、もっと親しい間柄では What's up? を使います。若者たちを中心に、気軽で遠慮のいらない関係で用いられる表現ですが、少しでも礼儀をわきまえる必要がある場所では避けた方がいいでしょう。

Day 7

CD track 07 (🔊 B1_Main 1_Day 07)
🔊 B1_Main 2_Day 07

What day is today?

曜日と月

今日は、疑問詞のwhatを使って、曜日と月について話す練習をしていきます。「いつ、どこにいた」という表現を押さえながら、be動詞の過去形についても見ていきましょう。

また、少し面倒に思えるかもしれませんが、必ず守らなくてはならない約束事——例えば、曜日の前にはonを、そして月の前にはinをつけることや、現在を基準にして一定期間前に起こったことにはagoを、ある期間（時間）を示すときにはforをつけることなど——も覚えておきましょう。

Day 7-1

🌅 間違ってもいいので、自信をもって英語で言いましょう。

次の日本語を英語にしてみよう

091

🔊 Main 1 ···>

今日は何曜日ですか？　　　　　　　　　　次ページへ

🔊 Main 2 ········> 英語でどう言うか考える ··········>

092

今日は月曜日です。

093

昨日は何曜日でしたっけ？

094

昨日は日曜日でしたよね？

095

はい、そうでした。

065

Day 7-1

難しい単語なしでも文は作れます。

大きな声で2回読み上げて、暗記する

[091]

What day is today?

[092]

Today is Monday.

[093]

What day was yesterday?

[094]

Yesterday was Sunday, wasn't it?

[095]

Yes, it was.

余裕があれば 今度は英文を見て、日本語で言ってみよう！

Day 7-2

文が長く感じられるようなら、分けて考えてみよう。

次の日本語を英語にしてみよう

096

明日は何曜日ですか？

097

今は何月ですか？

098

今は1月です。

099

それは明日までです。

ヒント 期限の due

100

私は2日前に彼女に会いました。

Day 7-2

☀ 文は長くても内容は簡単です。大きな声で練習しましょう。

> 大きな声で2回読み上げて、暗記する

096 **What day is tomorrow?**

097 **What month is this?**

098 **It is January.**

099 **It's due tomorrow.**

100 **I saw her two days ago.**

余裕があれば 今度は英文を見て、日本語で言ってみよう！

Day 7-3

🌙 文が思い浮かばなかったら、まずキーワードを考えてみよう。

次の日本語を英語にしてみよう

101

私は先月、数週間入院していました。

ヒント 入院している　be in the hospital

102

あなたは火曜日はどこにいましたか？

103

あなたは2月にここにいましたよね？

104

いいえ、いませんでした。

105

私は2カ月間、町を離れていました。

ヒント 町を離れて　out of town

Day 7-3

🌙 中学レベルの単語だけで文は作れます。

> 大きな声で2回読み上げて、暗記する

101 I was in the hospital for several weeks last month.

102 Where were you on Tuesday?

103 You were here in February, weren't you?

104 No, I wasn't.

105 I was out of town for two months.

余裕があれば▶ 今度は英文を見て、日本語で言ってみよう！

生きた英語のヒント！

●out of town
町を離れて

be動詞＋out ofで「〜から離れている」という意味になります。通常、地方に出張に出かけたり、旅行に行ったなどと言うとき、I was out of town. と言います。つまり、その町や土地を離れていたときに使う表現です。ではもっと遠くに、例えば外国に行っていたときにはどう言えばいいでしょうか。この場合もやはり、I was out of the country. と言います。

例） **We were out of town for a week.**
　　　私たちは1週間、別の地方に行っていました。

●When is it due?
それはいつまでですか？

due（〜することになっている）は普通、期限について言うときに使います。The report is due on Thursday. と言えば、「その報告書は木曜日が期限だ」という意味になります。また、期限をたずねたいときは、When is this due?（これはいつが期限ですか？）と言います。be due は、これから生まれてくる赤ちゃんについて言うときにも使います。

例） **When is the baby due?**　赤ちゃんの出産予定日はいつですか？
　　　The baby's due next month.　赤ちゃんは来月生まれる予定です。

Day 8

CD track 08 (B1_Main 1_Day 08)
B1_Main 2_Day 08

Do you have a cell phone?

所有

今日は、やさしくて難しい動詞、have について考えてみましょう。

have にはいくつかの使い方がありますが、主に家、本、服のように実質的な形があるものを所有しているときに「～を持っている」という意味で使います。I have a house. で、「家を所有している」となります。

また、家族や友達など、人との関係を表すときにも have を使うことができます。でも、I have a sister. を「私は姉（妹）を1人持っている」と訳したら不自然ですよね。このような場合は「～がいる」と考えた方が自然だということを覚えておいてください。

Day 8-1

間違ってもいいので、自信をもって英語で言いましょう。

次の日本語を英語にしてみよう

106

Main 1 ··▶ 次ページへ

あなたは携帯電話を持っていますか？

Main 2 ········▶ 英語でどう言うか考える ··········▶

107

はい、持っています。

108

あなたはチケットを持っていますよね？

109

いいえ、持っていません。

110

私も、チケットを持っていません。

Day 8-1

難しい単語なしでも文は作れます。

大きな声で2回読み上げて、暗記する

106
Do you have a cell phone?

107
Yes, I do.

108
You have a ticket, don't you?

109
No, I don't.

110
I don't have a ticket, either.

余裕があれば 今度は英文を見て、日本語で言ってみよう!

Day 8-2

☀ 文が長く感じられるようなら、分けて考えてみよう。

次の日本語を英語にしてみよう

111

このチケットはあなたのですか？

ヒント （～の）所有物である belong

112

はい、そうだと思います。

113

ごきょうだいは何人ですか？

114

私の帽子を持っていませんか？

115

ええ、あなたの帽子もコートも、両方持っています。

ヒント 両方とも both

Day 8-2

☀ 文は長くても内容は簡単です。大きな声で練習しましょう。

大きな声で2回読み上げて、暗記する

111. Does this ticket belong to you?

112. Yes, I think it does.

113. How many sisters and brothers do you have?

114. Don't you have my hat?

115. Yes, I have both your hat and your coat.

余裕があれば ▶ 今度は英文を見て、日本語で言ってみよう！

Day 8-3

☾★ 文が思い浮かばなかったら、まずキーワードを考えてみよう。

次の日本語を英語にしてみよう

116

ジョンはペットを飼っていますか？

ヒント （ペット）を飼う have (a pet)

117

はい、（彼は）飼っています。

118

彼は犬を飼っていますよね？

119

いいえ、（彼は）飼っていません。

120

彼は、写真はもう持っていますが、アルバムはまだ持っていません。

ヒント すでに already　写真 picture

Day 8-3

中学レベルの単語だけで文は作れます。

> 大きな声で2回読み上げて、暗記する

116 Does John have a pet?

117 Yes, he does.

118 He has a dog, doesn't he?

119 No, he doesn't have one.

120 He already has pictures, but he doesn't have an album yet.

余裕があれば 今度は英文を見て、日本語で言ってみよう！

生きた英語のヒント！

●have の意味

have は「〜を持っている」という所有の概念のほかに、次のような意味もあります。

【人との関係】例）私には兄(弟)がいます。→ **I have a brother.**
【身体の特徴】例）私は髪を長くしています。→ **I have long hair.**
【当面の抽象的な課題】例）私には問題がひとつあります。→ **I have a problem.**
【計画や日程】例）私は明日、試験があります。→ **I have a test tomorrow.**

●I've had enough.
　　もう我慢できない。

have を使ったイディオム（慣用句）です。「限界まで我慢してきたけど、これ以上は我慢できない」というときに使う表現です。I have had enough.（have＋過去分詞）と、時制が完了形になることに注意してください。我慢は、過去から始まって今までずっと続いてきたという意味なので、完了形を使うのですが、イディオムとしてそのまま覚えておきましょう。

Day 9

CD track 09 (B1_Main 1_Day 09)
B1_Main 2_Day 09

What time is it?

時間

What time is it?

おなじみの表現ですよね？　そう、今回は時間に関係する基本文を覚えていきましょう。

英語で時間を言うときは、数字をそのまま読めばいいので、とても簡単です。例えば、「今2時半です」は、It is two thirty. となります。ただし、「きっかり何時」と言う場合には o'clock をつけて、It is two o'clock. と言うのが一般的です。

このほか、約束をするときの Can you meet me at...?（○時に会えますか？）や、「定刻に」という意味の on time という表現も覚えておきましょう。

Day 9-1

間違ってもいいので、自信をもって英語で言いましょう。

次の日本語を英語にしてみよう

121

（今）何時ですか？

122

（今）2時です。

ヒント 〜時 o'clock

123

2時を数分過ぎたところです。

124

5時に会ってもらえますか？

125

いいえ、会えません。

Day 9-1

難しい単語なしでも文は作れます。

大きな声で2回読み上げて、暗記する

121 What time is it?

122 It's 2 o'clock.

123 It's a few minutes after 2.

124 Can you meet me at 5?

125 No, I can't.

余裕があれば 今度は英文を見て、日本語で言ってみよう！

Day 9-2

☀ 文が長く感じられるようなら、分けて考えてみよう。

次の日本語を英語にしてみよう

126

何時なのか分かりません。

127

まだ4時になっていないと思います。

> ヒント まだ（〜ない）yet

128

きっと3時30分頃です。

129

私の時計は進んでいて、あなたの時計は遅れています。

130

私は毎日6時前に起きます。

> ヒント 起きる get up　　毎日 every day

Day 9-2

☀ 文は長くても内容は簡単です。大きな声で練習しましょう。

大きな声で2回読み上げて、暗記する

126 I don't know what time it is.

127 I don't think it's 4 o'clock yet.

128 It must be about 3:30.

129 My watch is fast and your watch is slow.

130 I get up before 6 o'clock every day.

余裕があれば 今度は英文を見て、日本語で言ってみよう！

Day 9-3

次の日本語を英語にしてみよう

131

そのレストランは7時45分まで開店しません。

ヒント 〜まで until

132

明日10時にこちらにおいでになりますか？

ヒント ここに来る be here

133

はい、来ます。

134

私たちは間に合いますよね？

ヒント 時間通りに on time

135

そう願いたいね。

ヒント 願う hope

Day 9-3

> 中学レベルの単語だけで文は作れます。

大きな声で2回読み上げて、暗記する

131. The restaurant doesn't open until 7:45.

132. Will you be here at 10 o'clock tomorrow?

133. Yes, I will.

134. We'll be on time, won't we?

135. I hope so.

余裕があれば 今度は英文を見て、日本語で言ってみよう！

生きた英語のヒント！

● It must be 3:30. vs. I must hurry up.
　今、3時半のはずです。vs. 私、急がないといけないんです。

どちらの文もmustを使っていますが、その意味は異なります。2つの違いが分かりますか？　最初の文のmustは、must beで「〜であるに違いない」という意味です。「今、3時半のはずです」となり、You must be tired. と言えば、「あなたは疲れているに違いない」、すなわち「お疲れになったでしょう」という意味になります。

これに対して、後の文のmustは「〜しなくてはならない」という意味で、「私は急がないといけない」となります。

同じmustでも、どのような意味で使われているのかをしっかり理解して、自分なりに使ってみましょう。

● not 〜 until...
　…までは〜しません。

The restaurant doesn't open until 7. を直訳すると、「そのレストランは7時まで開店しません」となりますね。このように、not 〜 until... で「…までは〜しない」という意味になります。これは「…になれば〜する」と解釈することもでき、The restaurant doesn't open until 7. は「そのレストランは7時になったら開店する」という意味になります。

Day 10

 CD track 10 (B1_Main 1_Day 10)
 B1_Main 2_Day 10

What's the date today?

日にちと場所

誰かに生年月日を聞かれたら、英語ではどう答えればいいでしょうか？また、「去年の6月におまえがしたことを知っているぞ」というように、ある特定の時期について言う場合はどうでしょうか。

日にちをたずねるときはWhat's the date...? で始めます。Day 7の、曜日をたずねるときのWhat day is today? と混同しないように注意してください。

日にちを言うときには、June 1st, 2002やJuly 2nd, 2010のように、月、日、年、の順に言います。このほかにも、生まれた場所、育った場所、出身校についての言い回しも覚えていきましょう。

Day 10-1

間違ってもいいので、自信をもって英語で言いましょう。

次の日本語を英語にしてみよう

136 Main 1 → 次ページへ

今日は何日ですか？

Main 2 → 英語でどう言うか考える →

137

今日は11月1日です。

138

お生まれはいつですか？

ヒント　生まれる　be born

139

私は1987年11月1日に生まれました。

140

今日は私の誕生日です。

Day 10-1

難しい単語なしでも文は作れます。

大きな声で2回読み上げて、暗記する

136. What's the date today?

137. Today is November 1st.

138. When were you born?

139. I was born on November 1st, 1987.

140. Today is my birthday.

余裕があれば 今度は英文を見て、日本語で言ってみよう！

Day 10-2

文が長く感じられるようなら、分けて考えてみよう。

次の日本語を英語にしてみよう

141

私の妹(姉)は1990年生まれです。

142

私は正確な日にちは知りません。

ヒント 正確な exact

143

どちらのお生まれですか？

144

ご出身はどちらですか？

ヒント 故郷、出身地 hometown

145

私はニューヨークの小さな町で生まれました。

Day 10-2

☀ 文は長くても内容は簡単です。大きな声で練習しましょう。

> 大きな声で2回読み上げて、暗記する

141 My sister was born in 1990.

142 I don't know the exact date.

143 Where were you born?

144 Where is your hometown?

145 I was born in a little town in New York.

余裕があれば ▶ 今度は英文を見て、日本語で言ってみよう！

Day 10-3

文が思い浮かばなかったら、まずキーワードを考えてみよう。

次の日本語を英語にしてみよう

146

マディソンが私の故郷です。

147

どこで育ったのですか？

ヒント 育つ grow up

148

私はシカゴで育ちました。

149

どこの学校に通ったのですか？

ヒント 学校に通う go to school

150

私はマディソン高校に通いました。

Day 10-3

🌙 中学レベルの単語だけで文は作れます。

> 大きな声で2回読み上げて、暗記する

146

Madison is my hometown.

147

Where did you grow up?

148

I grew up in Chicago.

149

Where did you go to school?

150

I went to Madison High School.

余裕があれば ▶ 今度は英文を見て、日本語で言ってみよう！

生きた英語のヒント！

●I was born and raised in Tokyo.
　vs.　I'm originally from Tokyo.
　私は東京生まれの、東京育ちです。
　vs.　私はもともと東京出身です。

自分が生まれ育った場所が同じ場合には、I was born and raised in（地名）と言えばOKです。生まれ育った場所を離れ、今では別の土地に住んでいる場合は、I'm originally from（故郷の地名）で「私はもともと〜出身だ」という意味になります。originallyを発音する際には、ri-の部分を強調するようにしてください。

自分の出身地を伝えるときに、単にI'm from... だけでは不十分な場合もありますが、この2つの表現を覚えておけばスムーズに会話できるはずです。

Day 11

 CD track 11 (B1_Main 1_Day 11)
　　　　　　B1_Main 2_Day 11

What do you want?

欲しいものについて言う

相手に何が欲しいかをたずねるとき、親しい仲なら What do you want?、丁寧に言う場合は What would you like to have? と聞きます。また、2つあるもののうち、どちらが良いかをたずねるときには Which one would you like...? という言い方をします。

選択肢を相手に伝えるときは、A or B のように or を使うことも覚えておいてください。そのほか、少し離れた場所にいる人たちについて言及する場合の表現も、一緒に覚えていきましょう。

Day 11-1

間違ってもいいので、自信をもって英語で言いましょう。

次の日本語を英語にしてみよう

151

何が欲しいですか？

152

コーヒーを1杯いただきたいです。

ヒント 1杯の a cup of

153

何が食べたいですか？

154

パイを1切れください。

ヒント 1切れの a piece of

155

どちらがいいですか ── これですか、それともあれですか？

ヒント どちらのもの which one

Day 11-1

難しい単語なしでも文は作れます。

大きな声で2回読み上げて、暗記する

151 What do you want?

152 I want a cup of coffee.

153 What would you like to eat?

154 Please give me a piece of pie.

155 Which one would you like — this one or that one?

Day 11-2

> 文が長く感じられるようなら、分けて考えてみよう。

次の日本語を英語にしてみよう

156

私は(どちらでも)構いません。

ヒント 重要である matter

157

ジョーンズさんかスミスさんと話したいのですが。

158

申し訳ありませんが、ただ今2人とも手が離せない状態です。

ヒント 2人とも both of them　ただ今 right now

159

コーヒーはいかがですか?

ヒント …はいかがですか? Wouldn't you like...?

160

差し支えなければ、お茶にしていただけますか。

ヒント 〜する方がよい would rather

Day 11-2

☀ 文は長くても内容は簡単です。大きな声で練習しましょう。

大きな声で2回読み上げて、暗記する

156 It doesn't matter to me.

157 I'd like to talk with Mr. Jones or Mr. Smith.

158 I'm sorry, but both of them are busy right now.

159 Wouldn't you like some coffee?

160 I'd rather have some tea, if you don't mind.

余裕があれば 今度は英文を見て、日本語で言ってみよう！

Day 11-3

🌙 文が思い浮かばなかったら、まずキーワードを考えてみよう。

次の日本語を英語にしてみよう

161

彼らのうち、どの人がテイラーさんですか？

162

左側の背の高い男性が彼ですか？

163

あの人たちのうち、誰か知っていますか？

164

彼らのうち、2、3人は見覚えがあります。

ヒント 見覚えがある look familiar

165

彼らは皆、私の友人です。

Day 11-3

★ 中学レベルの単語だけで文は作れます。

大きな声で2回読み上げて、暗記する

161. Which one of them is Mr. Taylor?

162. Is he the tall man on the left?

163. Do you know any of those people?

164. Two or three of them look familiar.

165. All of them are friends of mine.

余裕があれば ▶ 今度は英文を見て、日本語で言ってみよう！

生きた英語のヒント！

●two cups of coffee vs. two coffees
コーヒーを2杯

数えられない不可算名詞は、前に容器などの単位をつけて a cup of coffee（コーヒー1杯）、a bar of soap（石けん1個）などと言うのが普通です。ただし、最近はなるべく言葉を減らして簡単に表現する傾向があるため、cup of を省略することもあります。

●I think I will...
…しようかと思うのだけど。

日本語でも、自分の希望を伝えるときに「…しようかと思うんだけど」などと言ったりしますが、同じような表現が英語にもあります。I think...、I guess...、I suppose... で始まる文は、この「…しようかと思うんだけど」と同じような意味になります。自分が欲しいもの、食べたいものなどについて言うときも、I will have a burger.（僕はハンバーガーを食べるよ）と言うより、I think I'll have a burger.（僕はハンバーガーを食べようかと思うんだけど）くらいの感じでしゃべっているのをよく聞きます。このように言えば、言う側も聞く側も、どちらも心理的負担が少なくなるというわけですね。

Day 12

CD track 12 (B1_Main 1_Day 12)
B1_Main 2_Day 12

Do you speak English?

言語

英語を話せるかどうか、相手にたずねるときのフレーズとして、Can you speak English? という英語を思い浮かべる人が多いかもしれません。しかし、英語では通常、Can you ではなく Do you を使って Do you speak English? と言います。

今日は、外国語がどれだけできるかについて話す場合の表現を学んでいきましょう。そのほか、「…語をどれだけ話せますか？」と聞くときには、How well do you speak...? と言うことや、little（少し）や perfectly（完璧に）などの単語を使って答える言い方なども学んでいきます。

Day 12-1

間違ってもいいので、自信をもって英語で言いましょう。

次の日本語を英語にしてみよう

166

英語は話せますか？

167

はい、少し。

168

お友達は英語が話せますか？

169

はい、彼は英語を完璧に話します。

ヒント 完璧に perfectly

170

彼女の英語は下手ではありません。

Day 12-1

難しい単語なしでも文は作れます。

大きな声で2回読み上げて、暗記する

166

Do you speak English?

167

Yes, a little.

168

Does your friend speak English?

169

Yes, he speaks English perfectly.

170

Her English is not bad.

余裕があれば 今度は英文を見て、日本語で言ってみよう！

Day 12-2

☀ 文が長く感じられるようなら、分けて考えてみよう。

次の日本語を英語にしてみよう

171

彼の母語は何ですか？

ヒント 母語 native language

172

彼の母語はフランス語です。

ヒント フランス語 French

173

あなたは何カ国語を話せますか？

174

私の友達は、韓国語の読み書きができます。

175

彼は韓国語なまりの英語を話します。

ヒント なまり accent

Day 12-2

☀ 文は長くても内容は簡単です。大きな声で練習しましょう。

> 大きな声で２回読み上げて、暗記する

171 What's his native language?

172 His native language is French.

173 How many languages do you speak?

174 My friend reads and writes Korean.

175 He speaks English with a Korean accent.

余裕があれば ▶ 今度は英文を見て、日本語で言ってみよう！

Day 12-3

🌙 文が思い浮かばなかったら、まずキーワードを考えてみよう。

次の日本語を英語にしてみよう

176

ヘレンの英語はどうですか？

177

彼女は流ちょうに英語を話します。

ヒント 流ちょうに fluently

178

英語はどれくらいうまく話せますか？

179

私は英語を話すときに、時々間違えます。

ヒント 時々 sometimes　　間違える make mistakes

180

私は発音でとても苦労しています。

ヒント 苦労 trouble　　発音 pronunciation

Day 12-3

🌙 中学レベルの単語だけで文は作れます。

> 大きな声で２回読み上げて、暗記する

176 How is Helen's English?

177 She speaks English fluently.

178 How well do you speak English?

179 Sometimes I make mistakes when I speak English.

180 I have a lot of trouble with pronunciation.

余裕があれば ▶ 今度は英文を見て、日本語で言ってみよう！

生きた英語のヒント！

● Can you speak English?
 vs. Do you speak English?
英語を話せますか？
 vs. 英語を話しますか？

何かが「できるかどうか」をたずねるときには、Can you... で始めると学校で習いませんでしたか？ そのときによく見かけたのがこの Can you speak English? とか、Can you swim? のような例文だったのではないでしょうか。これらは「あなたは英語を話せますか？」「あなたは泳げますか？」の意味になるはずですよね。でも、実際の会話では Can you ではなく、Do you で始める場合がほとんどです。

これは、相手を配慮する気持ちから来ている表現だという面もあります。Can you では、相手に「できるのか、できないのか」問い詰めているようにも聞こえかねないので、Do you を使うというわけです。この裏には、「相手はできないのではなく、本当は話せるのだけれど、本人の意思によって話さないのかもしれない」という、とても深い配慮が込められているのです。

Day 13

CD track 13 (🔊 B1_Main 1_Day 13)
🔊 B1_Main 2_Day 13

What are you doing?

していることについて言う

今この瞬間、何かをやっている最中だと言いたいときは、主語に合ったbe動詞のあとに、その行動を意味する動詞に-ingをつけて言います。自分が働いている最中ならI am working、食事中ならI am eating、第三者の男性が休憩中ならHe is restingと言えばいいわけです。

また、これからやろうとしている行動について言うときにも、同じ「be動詞＋-ing」を使うことを知っていますか？　例えば、I'm coming back at 7.（私は7時に帰ってくるつもりです）となります。日程について言うときも、同じ形を使いますので、何度もリピートしてしっかり覚えるようにしてください。

Day 13-1

間違ってもいいので、自信をもって英語で言いましょう。

次の日本語を英語にしてみよう

181

何をしているのですか？

182

本を読んでいます。

183

あなたの友達は何をしているのですか？

184

彼は明日の試験のために勉強しています。

ヒント 試験 test

185

私は、今は何もしていません。

Day 13-1

難しい単語なしでも文は作れます。

大きな声で2回読み上げて、暗記する

181 What are you doing?

182 I'm reading a book.

183 What's your friend doing?

184 He's studying for the test tomorrow.

185 I'm not doing anything right now.

余裕があれば 今度は英文を見て、日本語で言ってみよう！

Day 13-2

☀ 文が長く感じられるようなら、分けて考えてみよう。

次の日本語を英語にしてみよう

186

どちらに行かれるのですか？

187

家に帰ります。

188

何時に帰ってきますか？

ヒント 帰る come back

189

帰りが何時になるかは、はっきり分かりません。

190

何を考えているのですか？

ヒント 〜について考える think about

Day 13-2

☀ 文は長くても内容は簡単です。大きな声で練習しましょう。

> 大きな声で2回読み上げて、暗記する

186. Where are you going?

187. I'm going home.

188. What time are you coming back?

189. I'm not sure what time I'm coming back.

190. What are you thinking about?

余裕があれば ▶ 今度は英文を見て、日本語で言ってみよう！

Day 13-3

文が思い浮かばなかったら、まずキーワードを考えてみよう。

次の日本語を英語にしてみよう

191

就職の面接について考えています。

ヒント 就職の面接 job interview

192

誰にメールしているのですか?

ヒント 電子メールを送る email

193

ハワイの友達にメールしています。

194

ところで、あなたは誰を待っているのですか?

ヒント ところで by the way　～を待つ wait for

195

私は誰も待っていません。

Day 13-3

> 大きな声で2回読み上げて、暗記する

191 I'm thinking about the job interview.

192 Who are you emailing?

193 I'm emailing a friend of mine in Hawaii.

194 By the way, who are you waiting for?

195 I'm not waiting for anybody.

生きた英語のヒント！

●I'm going home now. vs. I'm going home for Christmas.
僕は家に帰るところだよ。vs. 僕は、クリスマスには家に帰るつもりだよ。

同じI'm going home. でも、2つの文が示す時間軸は少し違います。最初の文のI'm going home now. は「今、家に帰るところだ」の意味で、職場で仕事を終えて席を立ちながら言う言葉です。あるいは、帰宅途中のバスで知り合いに会って、「家に帰る途中なんです」という意味で言うこともあるでしょう。「僕、もう家に帰るよ」と、周囲の人たちに軽く言う言葉としても使えます。

一方、I'm going home for Christmas. の方は、クリスマスには家族と一緒に過ごすために実家に帰るという計画について話しているのです。このように、すでに決まっている計画や日程について言うときも、「be動詞＋一般動詞-ing」を使います。

では、現在進行形のことなのか、計画について言っているのか、どう見分ければいいのでしょうか？ それは、nowやfor Christmasなど、前後の言葉や「文脈」を考えれば、おのずと分かるはずです！

Day 14

🔊 CD track 14 (🔊 B1_Main 1_Day 14)
　　　　　　🔊 B1_Main 2_Day 14

How old are you?

年齢

外国人に「あなたは何歳ですか？（How old are you?）」と聞こうとして躊躇した経験はありませんか？　英語圏でも、相手の年齢をたずねることはかなり親しい間柄でない限り、失礼に当たる可能性があります。

ただ、そうはいっても、英語圏でも人の年齢にまったく無関心というわけではありません。特に、年齢よりも若く見えるという意味合いの言葉は、誰にとっても心地よいものです。今日は、比較級を使ってお互いの年齢を比べたり誰かの年齢を推測したりする表現、家族について言う表現などを覚えていきましょう。

Day 14-1

☀ 間違ってもいいので、自信をもって英語で言いましょう。

次の日本語を英語にしてみよう

196

🔊 Main 1 ·············· 次ページへ

おいくつですか？

🔊 Main 2 ········> 英語でどう言うか考える ··········>

197

私は21歳です。

198

弟(兄)はまだ25歳になっていません。

ヒント 完全に～ではない　not quite

199

ジョンはまだ45歳になっていませんよね？

200

スミスさんはまだ50代です。

ヒント （年齢が）50代で　in one's fifties

Day 14-1

難しい単語なしでも文は作れます。

大きな声で2回読み上げて、暗記する

196
How old are you?

197
I'm 21 years old.

198
My brother is not quite 25.

199
John is not 45 yet, is he?

200
Mr. Smith is still in his fifties.

余裕があれば　今度は英文を見て、日本語で言ってみよう！

Day 14-2

次の日本語を英語にしてみよう

201

私はあなたより２つ上です。

ヒント 年上の older

202

弟は私より２つ下です。

ヒント 年下の younger

203

ご家族は何人ですか？

204

うちは全部で７人です。

ヒント 全部で all together

205

姉が一番年上です。

ヒント 一番年上の the oldest

Day 14-2

☀ 文は長くても内容は簡単です。大きな声で練習しましょう。

大きな声で2回読み上げて、暗記する

201

I'm 2 years older than you are.

202

My brother is 2 years younger than I am.

203

How many people are there in your family?

204

There are seven of us all together.

205

My sister is the oldest.

余裕があれば 今度は英文を見て、日本語で言ってみよう！

Day 14-3

☾★ 文が思い浮かばなかったら、まずキーワードを考えてみよう。

次の日本語を英語にしてみよう

206

私が一番年下です。

> ヒント　一番年下の the youngest

207

私が何歳か、当ててください。

> ヒント　当てる guess

208

私が見たところ、あなたは23歳くらいでしょう。

> ヒント　私が見たところ I'd say

209

私はこの前の誕生日で30歳になりました。

> ヒント　（年齢が〜歳）になる turn

210

私は来週の火曜日で21歳になります。

> ヒント　〜歳になる be going to be

Day 14-3　　　中学レベルの単語だけで文は作れます。

大きな声で2回読み上げて、暗記する

206　I'm the youngest.

207　Guess how old I am.

208　I'd say you're about 23.

209　I turned 30 on my last birthday.

210　I'm going to be 21 next Tuesday.

余裕があれば　今度は英文を見て、日本語で言ってみよう！

生きた英語のヒント！

● young at heart
気持ちは若い

歌や映画のタイトルにもなったこの言葉は、「気持ちはまだ若い」という意味です。通常この前には、I'm や You are などの主語と動詞が来ます。これと似たような言い回しで、Age is only a number.（年齢は単なる数字に過ぎない）というのがあります。年齢だけで人の若さや老いを判断できないという、昨今の世相をよく表している言葉ですね。

一方で、これと正反対の意味の言葉もあります。「老犬に新しい芸を教えることはできない」という意味の You can't teach an old dog new tricks. は、英語のことわざで、老人が新しい技術を習得するのは大変難しいということを言っているのですが、どうでしょう？ 果たしてそうでしょうか。海外では70代、80代の年配の方が、外国語の勉強を始めるのをよく見かけますよ。

Day 15

CD track 15 (B1_Main 1_Day 15)
B1_Main 2_Day 15

What time do you get up every day?

習慣

毎朝起きて、食事をして、顔を洗い、仕事や学校に出かける……。このように毎日繰り返される習慣をroutineと言います。今日はdaily routineに関する表現を覚えていきましょう。

毎日のように繰り返していることについて言うため、usually（普通）と一緒に使うことが多く、また当然ながら、動詞の時制も現在形が多いことを覚えておいてください。

Day 15-1

☀ 間違ってもいいので、自信をもって英語で言いましょう。

次の日本語を英語にしてみよう

211 🔊 Main 1 ·····························>

あなたは毎日何時に起きますか？

次ページへ

ヒント 起きる get up

🔊 Main 2 ·······> 英語でどう言うか考える ·········>

212

普段は早く目が覚めます。

ヒント 普段は usually　　目が覚める wake up

213

私は毎日6時に起きます。

214

弟(兄)は私より遅く起きます。

ヒント 遅く later

215

私は着替えたあとに朝食をとります。

ヒント 着替える get dressed

Day 15-1

難しい単語なしでも文は作れます。

大きな声で2回読み上げて、暗記する

211 What time do you get up every day?

212 I usually wake up early.

213 I get up at 6 o'clock every day.

214 My brother gets up later than I do.

215 After I get dressed, I have breakfast.

余裕があれば 今度は英文を見て、日本語で言ってみよう!

Day 15-2

文が長く感じられるようなら、分けて考えてみよう。

次の日本語を英語にしてみよう

216

普段、私は朝食をたっぷりとります。

ヒント　たっぷりの朝食　big breakfast

217

朝食にはジュース、シリアル、トーストとコーヒーをとります。

218

私は毎日、午前8時に家を出ます。

ヒント　出発する　leave

219

私は毎朝9時に仕事場に着きます。

ヒント　仕事場に着く　get to work

220

私は朝、運動します。

ヒント　運動する　work out

Day 15-2

☀ 文は長くても内容は簡単です。大きな声で練習しましょう。

> 大きな声で2回読み上げて、暗記する

216 Usually, I have a big breakfast.

217 I have juice, cereal, toast, and coffee for breakfast.

218 I leave the house at 8 a.m. each day.

219 I get to work at 9 o'clock every morning.

220 I work out in the morning.

余裕があれば 今度は英文を見て、日本語で言ってみよう！

Day 15-3

🌙 文が思い浮かばなかったら、まずキーワードを考えてみよう。

次の日本語を英語にしてみよう

221

私は12時30分頃にお昼を食べに出ます。

222

私は午後5時45分に仕事を終えます。

ヒント 終える finish

223

私は7時頃、夕飯を食べます。

224

私は夕飯を食べる前に、しばらく新聞を読みます。

ヒント しばらく(の間) for a while

225

私は普段、夜12時頃寝ます。

ヒント 夜の12時 midnight

Day 15-3

中学レベルの単語だけで文は作れます。

大きな声で2回読み上げて、暗記する

221 I go out for lunch at about 12:30.

222 I finish working at 5:45 p.m.

223 I eat dinner at about 7 o'clock.

224 Before I eat dinner, I read the newspaper for a while.

225 I usually go to bed at about midnight.

生きた英語のヒント！

● **I have lunch at 12.** vs. **I have a big lunch every day.**
　私は12時に昼食をとります。vs. 私は毎日昼食をたっぷりとります。

食事を表すbreakfast、lunch、dinnerなどは通常aやtheをつけません。「私は12時に昼食をとります」と言うときには、I have lunch at 12. と言い、I have a lunch at 12. とは言いません。

ところが、一般的なbreakfast、lunch、dinnerではなく、「たっぷり、たくさん」という意味のbig、hugeのような形容詞が前につくときには、aやanなどの不定冠詞がつきます。「私は今日、お昼をたくさん食べた」と言うときはI had a big lunch. と言い、I had big lunch. とは言いません。間違えやすいので、体で覚え込むように何度も声に出して練習しましょう。

● **I'm an early riser.**　私は早起きです。

「私は早起きです」と言う場合、I get up early in the morning. でもいいのですが、英語ではI'm an early riser.（私は早起きの人間です）のように名詞を使った、シンプルで生き生きとした表現を使うことも少なくありません。以下の例も、併せて覚えてしまいましょう。

例）I sing well. → I'm a good singer.　　私は歌が上手です。
　　I run well. → I'm a good runner.　　私は走るのが得意です。

Day 16

CD track 16 (🔊 B1_Main 1_Day 16)
🔊 B1_Main 2_Day 16

What time did you get up yesterday morning?

昨日あったこと

今日は、昨日一日の行動を思い出しながら、過去形を勉強していきましょう。過去形を正しく使うためには、yesterday、last year、when I was little... など、過去を表す言葉を使って練習することをおすすめします。

do や get、work、have、go など、よく使う動詞の過去形もしっかりと覚えておきましょう。自分の日課を声に出して英語で言ってみて、それを録音したものを聞きながら直していく方法も効果的です。

Day 16-1

🔔 間違ってもいいので、自信をもって英語で言いましょう。

次の日本語を英語にしてみよう

226

🔊 Main 1 ···› 次ページへ

昨日の朝は何時に起きましたか？

🔊 Main 2 ·······› 英語でどう言うか考える ·········›

227

早く目が覚めて、6時に起きました。

228

弟(兄)は私より早く起きました。

229

あなたはすぐに服を着ましたか？

ヒント すぐに right away

230

はい、服を着て朝食をとりました。

Day 16-1

難しい単語なしでも文は作れます。

大きな声で2回読み上げて、暗記する

226. What time did you get up yesterday morning?

227. I woke up early and got up at 6 o'clock.

228. My brother got up earlier than I did.

229. Did you get dressed right away?

230. Yes, I got dressed and had breakfast.

Day 16-2

文が長く感じられるようなら、分けて考えてみよう。

次の日本語を英語にしてみよう

231 あなたはどんな朝食をとりましたか？

ヒント どういう（種類の） what kind of

232 昨日の朝は何時に職場に着きましたか？

233 8時に家を出て、8時30分に職場に着きました。

234 一日中仕事をしたのですか？

235 はい、朝早くから夜遅くまで働きました。

Day 16-2

☀ 文は長くても内容は簡単です。大きな声で練習しましょう。

> 大きな声で2回読み上げて、暗記する

231 What kind of breakfast did you have?

232 What time did you get to work yesterday morning?

233 I left the house at 8 o'clock and got to work at 8:30.

234 Did you work all day?

235 Yes, I worked from early morning until late at night.

余裕があれば ▶ 今度は英文を見て、日本語で言ってみよう!

Day 16-3

> 文が思い浮かばなかったら、まずキーワードを考えてみよう。

次の日本語を英語にしてみよう

236

正午に友達と昼食をとりました。

ヒント 正午に at noon

237

私は5時30分に仕事を終えて帰宅しました。

ヒント 終える finish

238

夕食のあとにメールをチェックして本を読みました。

239

私は夜11時30分に寝ました。

ヒント 寝る、就寝する go to bed

240

私はすぐに眠ってしまいました。

ヒント 眠りに落ちる fall asleep　すぐに immediately

Day 16-3

🌙 中学レベルの単語だけで文は作れます。

> 大きな声で2回読み上げて、暗記する

236. At noon I had lunch with a friend of mine.

237. I finished working at 5:30 and went home.

238. After dinner I checked my email and read a book.

239. I went to bed at 11:30 p.m.

240. I fell asleep immediately.

余裕があれば ▶ 今度は英文を見て、日本語で言ってみよう！

生きた英語のヒント！

●What time do you get off?
仕事は何時に終わるのですか？

237番の基本文で「仕事を終える」という意味のfinish workingが出てきましたね。I finished working at 5:30. で「私は5時半に仕事を終えた」という意味です。「（学校や仕事を終えて）退出する」というときは、finishのほかにget offもよく使います。「何時に会社を出ますか？」と言うときには、What time do you finish working? のほかに、What time do you get off? も使えます。

●I go to work at 8. vs. I get to work at 8.
僕は8時に仕事に出かける。vs. 僕は8時に会社に着く。

2つの文はどちらも「私は8時に仕事に行く」という意味ですが、go to work at... は仕事場に向けて出発した時間を表し、get to work at... は職場に着いた時間を表します。get toは、場所について言うときによく使われます。例えば、How can I get to Shinjuku? を直訳すると「新宿にはどうやって行けば着けますか？」で、「新宿にはどう行けばいいですか？」という意味になります。

Day 17

 CD track 17 (B1_Main 1_Day 17)
　　　　　　 B1_Main 2_Day 17

Where did you go yesterday?

友達と話す

今日は、友達と過去の出来事について話すときの表現を覚えていきます。過去形で相手に何かをたずねたり、相手の質問に答えたりする際の言い回しが出てきます。

また、会話をしている相手に、別の人が言った言葉を伝えるときはどのような表現を使うのでしょうか？「彼は…と言った（He said...）」「私は彼に…とたずねた（I asked him...）」など、第三者のことを相手に話すときの言い方も覚えていきましょう。

「彼に…かどうか聞いた（I asked him if he...）」など、ifを使った少し複雑な文も出てきますので、気を引き締めていきましょう！

Day 17-1

　　　　間違ってもいいので、自信をもって英語で言いましょう。

次の日本語を英語にしてみよう

241 Main 1 ────────────────→ 次ページへ

昨日はどこへ行きましたか？

Main 2 ────→ 英語でどう言うか考える ────→

242

友達に会いに行きました。

243

昨日はジョーンズさんに会いましたか？

244

ジョーンズさんには会いませんでしたが、
マシュー・スミスには会いました。

245

何の話をしたのですか？

ヒント 〜について話す　talk about

Day 17-1

難しい単語なしでも文は作れます。

大きな声で2回読み上げて、暗記する

241 Where did you go yesterday?

242 I went to see a friend of mine.

243 Did you see Mr. Jones yesterday?

244 I didn't see Mr. Jones,
but I saw Matthew Smith.

245 What did you talk about?

余裕があれば 今度は英文を見て、日本語で言ってみよう！

Day 17-2

☀ 文が長く感じられるようなら、分けて考えてみよう。

次の日本語を英語にしてみよう

246

私たちはいろんなことを話しました。

247

私は彼にたくさんの質問をしました。

> ヒント 質問する ask a question

248

あなたは彼に何をたずねたのですか？

249

私は彼に、英語が話せるかどうかたずねました。

> ヒント 〜かどうか if

250

彼は、英語を少し話せると言いました。

> ヒント 少し a little

Day 17-2

☀ 文は長くても内容は簡単です。大きな声で練習しましょう。

> 大きな声で2回読み上げて、暗記する

246. We talked about a lot of things.

247. I asked him a lot of questions.

248. What did you ask him?

249. I asked him if he spoke English.

250. He said he spoke a little English.

余裕があれば ▷ 今度は英文を見て、日本語で言ってみよう！

Day 17-3

🌙 文が思い浮かばなかったら、まずキーワードを考えてみよう。

次の日本語を英語にしてみよう

251

彼に、ニューヨークに誰か知り合いがいないか、たずねました。

252

彼は何と言いましたか？

253

彼は、向こうに何人か知り合いがいると言っていました。

ヒント 少数の a few

254

最後に、私は彼に何歳かたずねました。

ヒント 最後に finally

255

彼は、自分の年齢はあまり言いたくないと言いました。

ヒント 〜したくない would rather not

Day 17-3

中学レベルの単語だけで文は作れます。

大きな声で2回読み上げて、暗記する

251 I asked him if he knew anybody in New York.

252 What did he say?

253 He said he knew a few people there.

254 Finally, I asked him how old he was.

255 He said he would rather not tell his age.

余裕があれば 今度は英文を見て、日本語で言ってみよう！

生きた英語のヒント！

●I would rather not.
　私はそうしない方がいいと思います。

would rather は「〜する方がいいと思う」という意味でよく使われる表現です。Day 11 の 160 番の基本文に I'd rather have some tea. という文がありましたが、これはいくつかの選択肢の中から「他のものよりは、お茶の方がいい」という意味です。

一方、would rather のあとに not をつけて I would rather not. と言うと、その前の言葉に対して「私は、そうではない方がいいと思いますが」と、遠まわしに断る言葉になります。同じ表現でも、後に続く言葉によって意味が全く変わってきますので、しっかりと覚えておいてください。

Day 18

 CD track 18 (B1_Main 1_Day 18)
B1_Main 2_Day 18

What time did you use to get up last year?

過去について言う

What time did you use to get up last year?

あなたを育てるために、時間なんて関係なく起きたわ

昨日に引き続き、過去について話しながら、過去形のほかにused toやwouldを使う練習をしていきます。

used toは「以前はそうだったのに、今はそうではない」という意味で使うのに対して、wouldは単純に、過去の習慣について言うときに使います。「あのときはそうだったよね」くらいの意味と覚えておいてください。

そのほか、過去の習慣について言うときの、**always**（いつも、常に）、**usually**（たいてい、普通）、**nearly**（ほとんど）といった副詞の使い方も覚えていきましょう。

Day 18-1

間違ってもいいので、自信をもって英語で言いましょう。

次の日本語を英語にしてみよう

256

Main 1 ....>

去年は何時に起きていましたか？　　　　　　次ページへ

Main 2 ....> 英語でどう言うか考える ....>

257

早くに目が覚めて、7時に起きていました。

258

たいてい早く寝て、寝坊は決してしませんでした。

ヒント　決して〜ない　never

259

毎朝、同じ時間に散歩をしたものでした。

ヒント　〜したものだった　would　　散歩する　take a walk

260

いつもきっかり8時30分に仕事に出かけていました。

ヒント　きっかり　exactly　　仕事に出かける　leave for work

Day 18-1

難しい単語なしでも文は作れます。

大きな声で2回読み上げて、暗記する

256
What time did you use to get up last year?

257
I used to wake up early
and get up at 7 o'clock.

258
I usually went to bed early
and never woke up late.

259
I would take a walk in the morning
at the same time every day.

260
I would always leave for work
at exactly 8:30.

Day 18-2

> 文が長く感じられるようなら、分けて考えてみよう。

次の日本語を英語にしてみよう

261

普段は会社にいつ（何時に）着いていましたか？

262

私は普段、9時前に職場に着いていました。

ヒント 着く arrive

263

私は仕事に遅刻したことはありませんでした。

264

私は毎日、夜7時近くまで仕事をしていました。

ヒント ほとんど、ほぼ nearly　　毎日 each day

265

夏休みはどこに行っていましたか？

ヒント 夏休み summer vacation

155

Day 18-2

☀ 文は長くても内容は簡単です。大きな声で練習しましょう。

> 大きな声で2回読み上げて、暗記する

261. When would you usually get to work?

262. I would usually arrive at work before 9.

263. I was never late for work.

264. I worked until nearly 7 p.m. each day.

265. Where did you use to go for summer vacation?

余裕があれば ▶ 今度は英文を見て、日本語で言ってみよう！

Day 18-3

☾★ 文が思い浮かばなかったら、まずキーワードを考えてみよう。

次の日本語を英語にしてみよう

266

毎年夏に、おばの家に行っていました。

ヒント おばの家 my aunt's house

267

弟(兄)と私はよく一緒にブラブラと過ごしたものです。

ヒント ブラブラと過ごす hang out

268

私は、面白い友達がたくさんいました。

269

彼らは、週一ぐらいで映画を見に行っていました。

ヒント 週に一度 once a week

270

私はほとんど毎日、お昼にピザを食べていました。

ヒント ほとんど almost

Day 18-3

中学レベルの単語だけで文は作れます。

> 大きな声で2回読み上げて、暗記する

266. I used to visit my aunt's house every summer.

267. My brother and I used to hang out together.

268. I had a lot of interesting friends.

269. They used to go to the movies about once a week.

270. I ate pizza for lunch almost every day.

余裕があれば 今度は英文を見て、日本語で言ってみよう！

生きた英語のヒント！

●I'm used to doing it. vs. I used to do it.
　私はそれをするのは慣れています。vs. 私はそれをよくやったものです。

2つの文は似ているように見えますが、実はbe動詞があるかないかの違いで、意味がまったく違ってきます。be used to のあとに動詞が続く場合は、-ing がつく動名詞が来て「〜に慣れている」という意味になります。

例）**I'm used to working late.**　私は遅くまで仕事をすることに慣れています。
　　She's used to driving a car.　彼女は自動車の運転には慣れています。

一方、used to のあとには動詞の原形が来ます。意味は「〜したものだった」でしたね。

例）**I used to like wine.**　私はワインが好きでした。
　　She used to work with me.　彼女とはかつて一緒に仕事をしていました。

この2つを混同しないように注意してくださいね。

Day 19

CD track 19 (B1_Main 1_Day 19)
B1_Main 2_Day 19

Where do you live?

近所の人と会話する

今日は、近所の人と会話して、お互いについて聞いたり答えたりする表現を勉強していきます。

ある人物を昔からずっと知っているという場合は現在完了形を使います。「have/has＋過去分詞）」の形で使うことを覚えておいてください。例えば「私は、彼女を高校のときからずっと知っている」は、I've known her since high school. となります。

また、住所をたずねたり答えたりするときの言い方や、自分が住んでいる場所について説明する場合の表現なども学んでいきましょう。

Day 19-1

間違ってもいいので、自信をもって英語で言いましょう。

次の日本語を英語にしてみよう

271

Main 1 ·······················>

どちらにお住まいですか?　　　　　　　　　　次ページへ

Main 2 ······> 英語でどう言うか考える ·········>

272

私はリバーサイド通りに住んでいます。

273

住所はどちらですか?

274

私はリバーサイド通りのハイランドアパートに住んでいます。

275

私はジャックの隣に住んでいます。

ヒント 〜の隣に next door to

Day 19-1

大きな声で2回読み上げて、暗記する

271 Where do you live?

272 I live on Riverside Street.

273 What's your address?

274 I live at Highland Apartment on Riverside Street.

275 I live next door to Jack.

Day 19-2

> 文が長く感じられるようなら、分けて考えてみよう。

次の日本語を英語にしてみよう

276

この近くにお住まいですか？

ヒント 近くに near

277

私はよその町の出身です。

278

ここにどれくらい住んでいるのですか？

ヒント どれくらいの期間 how long

279

私はここに5年間住んでいます。

280

私は高校のときから彼女を知っています。

ヒント 〜のときから since

Day 19-2

☀ 文は長くても内容は簡単です。大きな声で練習しましょう。

> 大きな声で2回読み上げて、暗記する

276 Do you live near here?

277 I'm from out of town.

278 How long have you lived here?

279 I've lived here for 5 years.

280 I've known her since high school.

余裕があれば 今度は英文を見て、日本語で言ってみよう！

Day 19-3

🌙 文が思い浮かばなかったら、まずキーワードを考えてみよう。

次の日本語を英語にしてみよう

281

私はこれまでずっと英語を勉強してきました。

ヒント 生涯ずっと all my life

282

私は、その本はもう読みました。

283

ずいぶん長い間、英語を勉強しているのですか？

ヒント とても長い間 for very long

284

朝食はもうとりましたか？

285

はい、２時間前に朝食をとりました。

Day 19-3

🌙 中学レベルの単語だけで文は作れます。

大きな声で2回読み上げて、暗記する

281. I've studied English all my life.

282. I've already read that book.

283. Have you studied English for very long?

284. Have you had breakfast already?

285. Yes, I had breakfast 2 hours ago.

余裕があれば 今度は英文を見て、日本語で言ってみよう！

生きた英語のヒント！

● **I lived in Chicago. vs. I have lived in Chicago.**
私はシカゴに住んでいました。vs. 私はシカゴで暮らしてきました。

上記2つの文のうち、どちらが正しいでしょうか？ 結論から言うと、どちらも正しい文です。ただし、意味の違いはあります。

I lived in Chicago. は、一般的な過去形の文で「私はシカゴに住んでいた」という意味です。現在も住んでいるかどうかは、この文からは分かりません。これに対してI have lived in Chicago. は、現在完了形を使っていて「私はこれまでシカゴで暮らしてきた」。つまり、過去から現在までずっと住み続けてきた、という意味になります。

● **I'm still new here.**
私はまだ、ここになじんでいません。

直訳すると「私はここではまだ新しい」となりますが、その場所にまだ十分に適応しておらず、知らないことがたくさんあるという意味で使われる言葉です。反対にI'm no stranger here. と言えば、「私はここでは決してよそ者ではない」。つまり、その場所はよく知っているという意味になります。

ちなみに、I'm a stranger here. と言えば、「私は、ここは初めてだ」の意味で、誰かに道を聞かれたときに、自分もここは初めてなので答えられない、という場合に使います。

Day 20

🔘 CD track 20 （🔊 B1_Main 1_Day 20）
🔊 B1_Main 2_Day 20

Where were you going when I saw you at the mall?

過去にしたこと

> Where were you going when I saw you at the mall?

> 私たち、ショッピングモールで待ち合わせしてたじゃない!!!

英会話を勉強するときに、相手の質問に答える練習ばかりだと、いつまでたっても相手が話しかけてくれるのを待つ「受け身」の姿勢になってしまいます。それより、会話をリードする気持ちで、質問する側に立ってみましょう。受け身で待っているよりもはるかに気分が楽で、自信を持つことができますよ。

今日は、相手が過去にしたことについて、質問することを中心にやっていきましょう。Where were you（どこにいたの）?、What were you doing（何をしていたの）? などの表現を使って、相手が過去にしたことをたずねる練習をしていきます。どの質問に対して、どの時制を使って答えるべきか、少しずつ分かってくるはずです。

Day 20-1

🔔 間違ってもいいので、自信をもって英語で言いましょう。

> 次の日本語を英語にしてみよう

286 🔊 Main 1

ショッピングモールでお会いしたとき、
どこに行くところだったのですか？

次ページへ

🔊 Main 2　英語でどう言うか考える

287

昨日の午後、あなたはどこにいましたか？

288

私は、午後はずっと家にいました。

289

私は、友人たちにメールを何通か書いていました。

ヒント　メールを何通か書く　write some emails

290

昨日の午後4時頃、あなたは何をしていましたか？

Day 20-1

難しい単語なしでも文は作れます。

> 大きな声で2回読み上げて、暗記する

286 Where were you going when I saw you at the mall?

287 Where were you yesterday afternoon?

288 I was at home all afternoon.

289 I was writing some emails to friends of mine.

290 What were you doing at about 4 o'clock yesterday afternoon?

Day 20-2

☀ 文が長く感じられるようなら、分けて考えてみよう。

次の日本語を英語にしてみよう

291

私はテレビを見ていました。

292

私が昨日電話したとき、
あなたは宿題をしていたのですか？

293

あなたが電話してきたとき、私は夕飯を食べていました。

294

私がジョーンズさんを見かけたときには、
彼（ジョーンズさん）はマシュー・スミスと話していました。

295

あなたがメールを書いている間、私は本を読んでいました。

Day 20-2

文は長くても内容は簡単です。大きな声で練習しましょう。

> 大きな声で2回読み上げて、暗記する

291 I was watching TV.

292 Were you doing your homework when I called you yesterday?

293 When you called me, I was eating dinner.

294 When I saw Mr. Jones, he was talking with Matthew Smith.

295 While you were writing an email, I was reading a book.

余裕があれば ▶ 今度は英文を見て、日本語で言ってみよう！

Day 20-3

☾ 文が思い浮かばなかったら、まずキーワードを考えてみよう。

次の日本語を英語にしてみよう

296

私が今朝何をしていたか、当てられますか?

ヒント 当てる guess

297

昨日の午後、ジョンが何をしていたのか思い出せません。

ヒント 思い出す remember

298

彼の住所を忘れてしまいました。

ヒント 忘れる forget

299

彼が何時に来ると言ったのか、忘れてしまいました。

300

ちょうど私たちが夕飯を食べているときに、
彼らは電話してきました。

ヒント 〜するときにちょうど just as

Day 20-3

中学レベルの単語だけで文は作れます。

大きな声で2回読み上げて、暗記する

296
Can you guess
what I was doing this morning?

297
I can't remember what John was
doing yesterday afternoon.

298
I forgot his address.

299
I forgot what time he said
he was going to come.

300
They called us
just as we were having dinner.

生きた英語のヒント！

●I forgot to call you.
あなたに電話するのを忘れていました。

forget to は「〜しなくてはならない（する）ことを忘れる」という意味です。I forgot to email him. は「彼にメールを送らなければならなかったのに、忘れてしまった」となります。一方で、forget -ing は「〜したことを忘れる」の意味です。I forgot calling him. は、「彼に電話したことを忘れた」という意味です。

このように、forget のあとに to 不定詞が来ると「やらなくてはならないことを忘れる」という意味になり、forget のあとに -ing で終わる動名詞が来ると「したことを忘れている」という意味になります。両者の違いをしっかり区別して、覚えておいてください。

●It slipped my mind.
うっかりしていました。

何かを忘れたときに使う単語が forget ですが、別の単語を使った表現も見てみましょう。

slip は「滑る」の意味で、slippery は「滑りやすい」という意味になります。何かを「うっかり忘れた」「うっかりしてしまった」と言うときにも、「それが私の頭の中から滑って抜け出てしまった」という意味で、It slipped my mind. と言うことができます。

トレーニング編
反復学習で、しっかり記憶を定着させる!

Step 1 | リエゾン(連音)と区切り読みの練習
▶発音に注意しながら基本文をリピートする

🔊 B1_Training 1_Day 01

■次の文を、音声の後に続けてリピートしてください。

001	Hello. 🔊 ·········> リピートする
002	Good morning.
003	I'm Brad Murphy.
004	Are you Ken Johnson?
005	Yes, / I am.
006	How are you?
007	Fine, / thanks.
008	How is Helen?
009	She's very well, / thank you.
010	Good‿afternoon, / Mr. Murphy.
011	Good‿evening, / Mr. McKane.
012	How are you this evening?
013	Good‿night, / John.
014	Goodbye, / Bill.
015	See you tomorrow.

英語は反復学習が大切です。

Step 2 | 短い会話の練習
▶ 問答形式で基本文を反復学習

■ 下の日本語に該当する英語を、左ページの001〜015の文から探し、英語音声の後に続けてリピートしてください。

1　A　Hello, Bill. How are you?
　　B　元気ですよ, thanks.[007]

2　A　How are you 今晩?[012]
　　B　Very well, thank you.

3　A　How are you this afternoon?
　　B　Pretty good. あなたはお元気ですか?[006]

4　A　Good afternoon. How is your sister?
　　B　Good afternoon, Mr. Green. 彼女はとても元気ですよ, thank you.[009]

5　A　I'm Matthew Smith. Are you Harry Jones?
　　B　Yes, 私がそうです.[005]

6　A　Good morning, Bill. 元気ですか Helen?[008]
　　B　She's fine, thank you.

7　A　Goodbye, Helen. See you 明日.[015]
　　B　Goodbye, Mrs. Brown.

Answer → 1 Fine / 2 this evening / 3 How are you? / 4 She's very well / 5 I am / 6 How is / 7 tomorrow

勉強は他人がお膳立てしてくれるものではありません。

Step 3 | パターン学習
▶実際の状況で話せるように、基本パターンで繰り返す

Day 1 あいさつ

■英語音声を聞いたあとに、言葉を入れ替えて言ってみてください。

1. Hello, [John / Mr. Murphy]. How are you?　🔊 ………………………→ 聞く
   🔊 ………………………→ 別の言葉を入れて言ってみる

2. [Fine / Very well / Pretty good], thank you.

3. How are you [this morning / today], Bill?

4. Goodbye, Bill. See you [tomorrow / later].

5. I'm [Matthew Smith / Mr. Brown].

6. How's [Helen / Mr. Green]?

● later　またあとで

継続して反復学習することで、自分のものになります。

180

7. | Helen / Mr. Green | is very well, thank you.

8. Are you | Mr. Green / Brad | ?

9. Yes, I am | Mr. Green / Brad |.

10. | Goodbye / Good night / Bye |, John. See you tomorrow.

11. How are | Bill and Helen / Mr. and Mrs. Brown | ?

12. | Bill and Helen / Mr. and Mrs. Brown / They | are very well, thank you.

13. Good evening, Mr. Mckane. How | are you / is Helen | ?

14. Goodbye, | Bill / Liz |. See you tomorrow.

大きな声で繰り返しましょう。自分の声に耳を傾けてみてください。

Step 4 | 長い会話の練習
▶長い会話の中で、基本文を確認

■下線部分を英語でどう言うか考えながら、A、Bの役を順番にやってみてください。

状況1 久しぶりに会った、近所同士の2人。道を歩いていて偶然に出会い、しばしあいさつを交わす。

A　Hello, Bill.
B　Good morning, John. 元気ですか？
A　Fine, thanks. ヘレンは元気ですか？
B　彼女はとても元気ですよ, thank you.
A　Goodbye, Bill.
B　Goodbye, John.

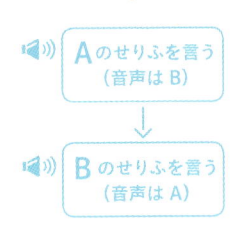

Aのせりふを言う（音声はB）
↓
Bのせりふを言う（音声はA）

状況2 仕事で初対面の2人。商談に入る前に簡単なあいさつを交わす。

A　Good evening.
B　Good evening. 私はジャック・スミスです。
A　私はハリー・ジョーンズです。 How are you?
B　Very well, thanks. And you?
A　おかげさまで元気です。

Answer ⇒ 状況1　How are you? / How is Helen? / She's very well
　　　　　 状況2　I'm Jack Smith. / I'm Harry Jones. / Fine, thank you.

状況によってどのように使われる表現か、覚えておくことが大切です。

学習の成果をチェックしよう

■以下の日本語を見て、0.5秒以内に英語で言ってみましょう。

001	こんにちは。
002	おはようございます。
003	私はブラッド・マーフィーです。
004	あなたはケン・ジョンソンですか?
005	はい、そうです。
006	お元気ですか?
007	元気ですよ、おかげさまで。
008	ヘレンは元気ですか?
009	彼女はとても元気ですよ、おかげさまで。
010	こんにちは、マーフィーさん。
011	こんばんは、マケインさん。
012	今晩の気分はいかがですか?
013	おやすみなさい、ジョン。
014	さようなら、ビル。
015	じゃあ、また明日。

- 合格! 　0.5秒以内に英語で言えたら、合格!
- もう少し! 　5秒以上かかる場合は、0.5秒以内を目指してStep 1〜3を繰り返してください。
- がんばろう! 　正しい英語が出てこなかったら、Step 1〜4を何度か繰り返してください。

これで、15の基本文があなたのものになりました!

Step 1 | リエゾン(連音)と区切り読みの練習
▶発音に注意しながら基本文をリピートする

🔊 B1_Training 1_Day 02

■次の文を、音声の後に続けてリピートしてください。

016	Come in, / please. 🔊 ┄┄┄> (リピートする)
017	Sit down.
018	Stand up, / please.
019	Open the door, / please.
020	Close the door, / please.
021	Don't open the door.
022	Do you understand?
023	Yes, / I understand.
024	No, / I don't understand.
025	Listen carefully.
026	Now read, / please.
027	That's fine.
028	It's time to begin.
029	Let's begin now.
030	Please hurry.

英語は反復学習が大切です。

Step 2 短い会話の練習
▶問答形式で基本文を反復学習

■下の日本語に該当する英語を、左ページの 016〜030 の文から探し、英語音声の後に続けてリピートしてください。

1　A　中に入って, please.[016]
　　B　Thank you.

2　A　Do you 分かる?[022]
　　B　Yes, I understand.

3　A　Do you understand?
　　B　No, I 分かりません.[024]

4　A　座って, please, Harry.[017]
　　B　Thank you, Helen.

5　A　It's time to 始める, Harry.[028]
　　B　Yes, Mr. Green.

6　A　開けて the door, please, Helen.[019]
　　B　Yes, Mr. Green.

7　A　Is it time to begin?
　　B　Yes, しましょう begin now.[029]

Answer ⇢ 1 Come in / 2 understand / 3 don't understand / 4 Sit down / 5 begin / 6 Open / 7 let's

勉強は他人がお膳立てしてくれるものではありません。

Step 3 | パターン学習
▶ 実際の状況で話せるように、基本パターンで繰り返す

Day 2 依頼と命令

■英語音声を聞いたあとに、言葉を入れ替えて言ってみてください。

1. Come in , please. 🔊 ……………………………………▶ 聞く
   Stand up 🔊 ……………………………………▶ 別の言葉を入れて言ってみる

2. Please look at the screen / document . It's time to begin.

3. Don't open / close the door, Bill.

4. Now read / repeat / listen carefully , please.

5. It's time to begin. Please hurry / take out your book / turn in your homework .

6. That's fine / very good / great . Now close your book, please.

● document 書類、資料 / repeat 繰り返して言う / take out ～を取り出す / turn in ～を提出する

継続して反復学習することで、自分のものになります。

7   Don't | repeat | , please.
         | come in |

8   It's time to | begin | .
                 | stop |

9   Let's | begin | now.
          | stop |

10 It's time to begin | the meeting | .
                       | the class |

11 Please open your | book | . Let's begin now.
                     | file |
                     | notebook |

12 It's time to | study | now, Mr. Green.
                 | go |

13 Please don't open your | book | . It's time to go now.
                           | dictionary |
                           | notebook |

14 Is it time to begin | the meeting | now, Mrs. Brown?
                        | the class |

● dictionary 辞書

大きな声で繰り返しましょう。自分の声に耳を傾けてみてください。

Step 4 長い会話の練習
▶長い会話の中で、基本文を確認

■下線部分を英語でどう言うか考えながら、A、Bの役を順番にやってみてください。

状況1 スミス先生の研究室にハリーが補修授業を受けに来た。

A　Good morning, Mr. Smith. How are you?
B　I'm fine, thanks, Harry. <u>どうぞ入ってください。</u>
A　Thank you.
B　Please sit down, Harry.
A　Okay. <u>もう始める時間ですか？</u>
B　Yes, let's begin now. Please open your book.
A　Fine.

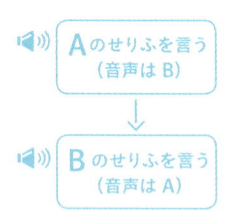

状況2 職場のミーティングが始まり、チャートを見ながら話している。

A　Let's begin the meeting now. <u>ドアを閉めてください。</u>
B　Fine.
A　Thank you. Please look at the screen.
B　Okay.
A　<u>このチャートは分かりますか？</u>
B　Yes. I understand the chart very well.
A　Great. Then do you understand this graph?
B　No. <u>そのグラフは分かりません。</u> Please explain that to us.

●chart 図表、表 / explain 〜を説明する

Answer → 状況1　Come in, please. / Is it time to begin?
　　　　　状況2　Close the door, please. / Do you understand this chart? / I don't understand that graph.

状況によってどのように使われる表現か、覚えておくことが大切です。

学習の成果をチェックしよう

■以下の日本語を見て、0.5秒以内に英語で言ってみましょう。

016	どうぞお入りください。
017	座って。
018	立ってください。
019	ドアを開けてください。
020	ドアを閉めてください。
021	ドアを開けないで。
022	分かりますか？
023	はい、分かります。
024	いいえ、分かりません。
025	よく聞いて。
026	では、読んでください。
027	それで結構です。
028	始める時間です。
029	それでは、始めましょう。
030	急いでください。

- 合格！　0.5秒以内に英語で言えたら、合格！
- もう少し！　5秒以上かかる場合は、0.5秒以内を目指してStep 1〜3を繰り返してください。
- がんばろう！　正しい英語が出てこなかったら、Step 1〜4を何度か繰り返してください。

これで、30の基本文があなたのものになりました！

Step 1 | リエゾン（連音）と区切り読みの練習
▶発音に注意しながら基本文をリピートする

🔊 B1_Training 1_Day 03

■次の文を、音声の後に続けてリピートしてください。

031	What's this? 🔊 ┄┄┄> (リピートする)
032	Is this‿cell phone / his?
033	That's my cell phone.
034	Is this‿your notebook?
035	No, / that's not my notebook.
036	Whose cell phone‿is this?
037	That's‿your cell phone.
038	And / what's that?
039	Is that‿a smartphone?
040	No, / it‿isn't.
041	It's‿a regular phone.
042	Is‿it yours?
043	Yes, / it's mine.
044	Where's the door?
045	There it‿is.

英語は反復学習が大切です。

Step 2 短い会話の練習
▶問答形式で基本文を反復学習

■ 下の日本語に該当する英語を、左ページの 031～045 の文から探し、英語音声の後に続けてリピートしてください。

1　A　What's this? 🔊 ·················▶ リピートする
　　B　That's 私の cell phone.⁰³³ 🔊 ··········▶ リピートする

2　A　Good morning, Liz. Is this your notebook?
　　B　No, それは〜ではありません my notebook.⁰³⁵

3　A　誰の cell phone is this?⁰³⁶
　　B　That's my cell phone, Mr. Green.

4　A　Is this your cell phone?
　　B　Yes, it's 私のもの.⁰⁴³ It's a regular phone.

5　A　Where's the door?
　　B　そこに it is.⁰⁴⁵ Please go and open it.

6　A　Is this cell phone 彼の?⁰³²
　　B　No, it isn't. It's not his, it's mine.

7　A　Whose briefcase is this? Is it あなたの?⁰⁴²
　　B　Yes, it's mine. Please close it.

●briefcase　書類カバン、ブリーフケース

Answer ⟶　1 my / 2 that's not / 3 Whose / 4 mine / 5 There / 6 his / 7 yours

　勉強は他人がお膳立てしてくれるものではありません。

Step 3 | パターン学習
▶実際の状況で話せるように、基本パターンで繰り返す

■英語音声を聞いたあとに、言葉を入れ替えて言ってみてください。

1. What's | this / that | ? Is it a notebook?

2. Is this your | book / notebook | ? It's time to begin the meeting.

3. No, that's not | my / your | book.

4. Whose | cell phone / notebook | is this? Is it yours?

5. Whose dictionary is this? Is it | mine / yours / mine or yours | ?

6. Good afternoon, Mr. Green. Is that your | book / car / dog | ?

継続して反復学習することで、自分のものになります。

192

7   Whose [car / dog / ticket] is that? Is it yours?

8   It's time to go now. Where's the [car / taxi]?

9   [There's / Here's] the taxi. It's time to go.

10 Here's Mr. Green, and there's [Matthew Smith / Mrs. Green].

11 Mr. Green is here, but where's [Harry Jones / Mr. Jackson]?

12 That isn't a dictionary. It's a book. It's [my / your / his] book.

13 What's this? Is it a [book / table]?

14 There's the [whiteboard / window]. Where's the door?

●whiteboard ホワイトボード

大きな声で繰り返しましょう。自分の声に耳を傾けてみてください。

Step 4 | 長い会話の練習
▶長い会話の中で、基本文を確認

■下線部分を英語でどう言うか考えながら、A、Bの役を順番にやってみてください。

状況1 3人で打ち合わせを始めることになっているが、1人がまだ来ていない。それぞれノートパソコンを準備して、席に着こうとしている。

A　Whose notebook is this? Is it yours?
B　Yes, it's mine. <u>あなたのはどこですか？</u>
A　Here it is. OK, now, let's begin.
B　Good. But where's Mr. Green?
　　<u>これは彼のブリーフケースですか？</u>
A　Yes, it is. Oh, <u>そこに彼がいます</u>.
B　Please come in and sit down.
C　Thank you. Is this my notebook?
A　No, it isn't. That is mine. Here's yours.

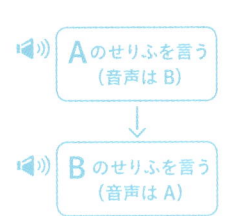

🔊 Aのせりふを言う（音声はB）
↓
🔊 Bのせりふを言う（音声はA）

状況2 打ち合わせに来た2人が、椅子を探して席に着こうとしている。

A　Good evening. How are you, Mr. Brown?
B　Very well, thanks. And how are you?
A　Just fine. Is Mrs. Brown well?
B　She's doing fine, thanks. Is it time to begin the meeting?
A　Yes, it is. Please sit down.
B　Thanks. <u>椅子はどこですか？</u>
A　Here is a chair. Oh, there is a cell phone. <u>あれはあなたのですか？</u>
B　No, it isn't. Mine's here.

Answer → 状況1　Where is yours? / Is this his briefcase? / There he is.
　　　　　状況2　Where is the chair? / Is that yours?

状況によってどのように使われる表現か、覚えておくことが大切です。

学習の成果をチェックしよう

■ 以下の日本語を見て、0.5 秒以内に英語で言ってみましょう。

031	これは何ですか？
032	この携帯電話は彼のですか？
033	それは私の携帯電話です。
034	これはあなたのノートパソコンですか？
035	いいえ、それは私のノートパソコンではありません。
036	これは誰の携帯電話ですか？
037	それはあなたの携帯電話です。
038	それから、あれは何ですか？
039	あれはスマートフォンですか？
040	いいえ、違います。
041	それは普通の携帯電話です。
042	それはあなたのですか？
043	はい、それは私のです。
044	ドアはどこですか？
045	そこにあります。

☺ 合格！　　0.5 秒以内に英語で言えたら、合格！

😐 もう少し！　5 秒以上かかる場合は、0.5 秒以内を目指して Step 1〜3 を繰り返してください。

☹ がんばろう！　正しい英語が出てこなかったら、Step 1〜4 を何度か繰り返してください。

これで、45 の基本文があなたのものになりました！

Step 1 | リエゾン(連音)と区切り読みの練習
▶発音に注意しながら基本文をリピートする

🔊 B1_Training 1_Day 04

■次の文を、音声の後に続けてリピートしてください。

046	What are these? 🔊 ……＞ リピートする
047	Those are books.
048	Where are the books?
049	There they are.
050	These are my pens.
051	Where are your pens?
052	They're over there.
053	Are these your pens?
054	Yes, / they are.
055	Those are mine.
056	These are your books, / aren't they?
057	No, / they aren't.
058	They're not mine.
059	Those aren't your pens, / are they?
060	These are mine, / and those are yours.

英語は反復学習が大切です。

Step 2 | 短い会話の練習
▶問答形式で基本文を反復学習

■ 下の日本語に該当する英語を、左ページの 046〜060 の文から探し、英語音声の後に続けてリピートしてください。

1　A　What are those? 🔊 ·············▷ リピートする
　　B　それら are books.⁰⁴⁷ 🔊 ············▷ リピートする

2　A　Are これら your pens? ⁰⁵³
　　B　Yes, they're mine.

3　A　These are your books, そうじゃありませんか? ⁰⁵⁶
　　B　Yes, they are. These are mine.

4　A　Whose books are these?
　　B　それら are mine.⁰⁵⁵
　　　 Those are my books and those are my pens.

5　A　Those dogs are yours, aren't they?
　　B　No, they そうではありません.⁰⁵⁷

6　A　Whose papers are these? They're not 私のもの.⁰⁵⁸
　　B　Those papers are mine.

7　A　Where are the chairs and desks?
　　B　There they are, over there.
　　　 These are 私のもの, and those are あなたのもの.⁰⁶⁰

Answer ⟶　1 Those / 2 these / 3 aren't they / 4 Those / 5 aren't / 6 mine / 7 mine, yours

勉強は他人がお膳立てしてくれるものではありません。

Step 3 | パターン学習
▶実際の状況で話せるように、基本パターンで繰り返す

Day 4 物事について言う（複数）

■英語音声を聞いたあとに、言葉を入れ替えて言ってみてください。

1. What are [these / those], Bill? Are they yours? 　聞く　別の言葉を入れて言ってみる

2. Yes, they are. Those [books / bags / briefcases] are mine.

3. Whose pens are those? My pens are [here / over there].

4. Those aren't [your / my / his] books, are they?

5. These books are yours. Where are [mine / his]?

6. This isn't my [bag / notebook / phone], and those aren't my books. Whose are they?

継続して反復学習することで、自分のものになります。

7 | Your | books are over here, and their books are over there.
   | Our |

8 I see the table, but where are the | dictionaries | ?
                                      | cups |
                                      | chairs |

9 Here's a chair. Please come in and sit down. Your | books | are here.
                                                     | things |

10 Here are books, pencils, and | papers | . Whose things are these?
                                | notebooks |

11 Good morning, Bill. Here's your | chair | over here.
                                   | table |

12 | What | are these?
   | Whose |

13 These are my | notebooks | . Where are yours?
               | pens |

14 | Here | are my things.
   | There |

大きな声で繰り返しましょう。自分の声に耳を傾けてみてください。

Step 4 | 長い会話の練習
▶長い会話の中で、基本文を確認

■下線部分を英語でどう言うか考えながら、A、Bの役を順番にやってみてください。

状況 1　朝、プレゼンテーションを始めようとしている。

A　Good morning, Jack. Come in and sit down.
B　Good morning, Peter. Is it time to begin the presentation?
A　Yes, it is.
B　Thank you. <u>ここに椅子があります。</u>
　　Sit down and let's begin.
　　Open your file, Peter.
A　OK. Oh, I can't find my pens.
B　<u>それらはあなたのペンですよね？</u>
A　Oh, yes, thank you.
　●presentation　発表、プレゼンテーション

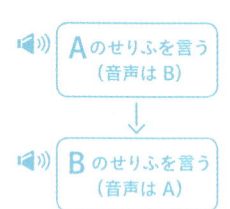

状況 2　会議が始まる前に会社の同僚が話している。

A　Hi, Helen. How are you?
B　Hello, Liz. Just fine, thanks.
A　Is it time to begin the conference?
B　Yes, it is. <u>ここにあなたの本（複数）があるわ。</u>
A　These books aren't mine.
B　Then <u>これらは誰の本かしら</u>?
A　<u>こっちは私ので、そっちはあなたのよ。</u>
B　Yes. That's right.
　●conference　会議

Answer ⟶　状況 1　Here is a chair. / Those are your pens, aren't they?
　　　　　状況 2　Here are your books. / whose books are these? / These are mine, and those are yours.

状況によってどのように使われる表現か、覚えておくことが大切です。

200

学習の成果をチェックしよう

■以下の日本語を見て、0.5秒以内に英語で言ってみましょう。

046	これらは何ですか？
047	それらは本です。
048	それらの本はどこにありますか？
049	それらはそこにあります。
050	これらは私のペンです。
051	あなたのペンはどこにありますか？
052	それらはあそこにあります。
053	これらはあなたのペンですか？
054	はい、そうです。
055	それらは私のものです。
056	これらはあなたの本ですよね？
057	いいえ、違います。
058	それらは私のものではありません。
059	それらはあなたのペンではないですよね？
060	これらは私のもので、それらはあなたのものです。

- 合格！　　0.5秒以内に英語で言えたら、合格！
- もう少し！　5秒以上かかる場合は、0.5秒以内を目指してStep 1〜3を繰り返してください。
- がんばろう！　正しい英語が出てこなかったら、Step 1〜4を何度か繰り返してください。

これで、60の基本文があなたのものになりました！

201

Step 1 | リエゾン(連音)と区切り読みの練習
▶発音に注意しながら基本文をリピートする

🔊 B1_Training 1_Day 05

■次の文を、音声の後に続けてリピートしてください。

061	What do you do? 🔊 ·········▷ リピートする
062	I'm an engineer.
063	Who is that over there?
064	He's a student, / too.
065	Is that guy a student here?
066	No, / he isn't.
067	Those men aren't students, / either.
068	Are you in my class?
069	No, / I'm not a student.
070	That man is a professor here, / isn't he?
071	Yes, / he is.
072	Who are those people?
073	Maybe / they're security guards.
074	Aren't they students?
075	I really don't know.

英語は反復学習が大切です。

Step 2 短い会話の練習
▶問答形式で基本文を反復学習

■下の日本語に該当する英語を、左ページの 061〜075 の文から探し、英語音声の後に続けてリピートしてください。

1 A 何(の仕事)を do you do? 061
  B I'm a marketer. I'm Sam Lee.

2 A Who is that あそこにいる? 063
  B He's a marketer, too. He's Brad Murphy.

3 A Is that guy a 学生 here? 065
  B No, he isn't. That man is a teacher.

4 A That woman is not a teacher, is she?
  B No, she isn't. And those men ではありません teachers, either. 067

5 A The man over there is a teacher, isn't he?
  B Yes, 彼はそうです. He is my teacher. 071

6 A Who are those people?
  B I don't know. たぶん they're security guards. 073

7 A Do you know who that man is?
  B I 本当に don't know. 075 Maybe he's a teacher.

● marketer マーケティング担当者

Answer → 1 What / 2 over there / 3 student / 4 aren't / 5 he is / 6 Maybe / 7 really

勉強は他人がお膳立てしてくれるものではありません。

Step 3 | パターン学習
▶実際の状況で話せるように、基本パターンで繰り返す

■英語音声を聞いたあとに、言葉を入れ替えて言ってみてください。

1 I know who you are. You're a | teacher / marketer |, aren't you?

2 No, I'm not a teacher. I'm a | doctor / nurse |.

3 Who | is that man / are those people | over there? Do you know?

4 He is not a | teacher / doctor / nurse |, is he?

5 Who are those people over there? Aren't they | students / doctors |?

6 I | really / actually | don't know who they are.

- actually 本当は、実は

継続して反復学習することで、自分のものになります。

7 Those men are [teachers / marketers / students], aren't they?

8 Who is that [man / young lady] over there? Do you know?

9 I don't know who she is. [Maybe / Perhaps] she's a doctor.

10 I actually don't know who [that man / this lady] is. Perhaps you know.

11 You know who that [lady / man] is, don't you?

12 I actually don't know where [Dr. Rice is / Brad is / the students are]. Perhaps you know.

13 No, [he / she] isn't a professor.

14 [Honestly / Actually], I don't know. Maybe he is a teacher.

●honestly 正直なところ

大きな声で繰り返しましょう。自分の声に耳を傾けてみてください。

205

Step 4 | 長い会話の練習
▶長い会話の中で、基本文を確認

■下線部分を英語でどう言うか考えながら、A、Bの役を順番にやってみてください。

状況1 学校に赴任した教師が初対面のあいさつを交わす。

A Hello, I'm Daniel Fletcher.
B Hello, Daniel. I'm Jack Smith.
A Are you a student here, Jack?
B No, I'm not. I'm a teacher.
  You're a teacher, too, aren't you?
A Yes, I am. あそこにいるあの女性は誰ですか？
B I don't know who she is.
A 彼女は教師ですか、それとも学生ですか？
B 正直なところ、私は知りません。Maybe she's a teacher, and maybe she's a student.

状況2 病院の開院式で、周囲の人を見回しながら会話する。

A Who is that young man over there?
B That's Dr. Rice. Do you know Dr. Rice?
A Yes, I know Dr. Rice. He's a friend of mine.
  あそこにいるあの人たちは誰ですか？ 彼らも医師ですか？
B No, they're not doctors. They're nurses.
A Is that lady over there a nurse, too?
B No, she's not. She's a marketer.
A あそこにいるあの女性は、エンジニアではないですよね？
B No, she's not. She's a teacher. That's Mrs. Brown.

Answer ⇢ 状況1 Who is that lady over there? / Is she a teacher or a student? / I honestly don't know.
        状況2 Who are those people over there? Are they doctors too? / That lady over there is not an engineer, is she?

状況によってどのように使われる表現か、覚えておくことが大切です。

学習の成果をチェックしよう

■ 以下の日本語を見て、0.5 秒以内に英語で言ってみましょう。

061	あなたは何の仕事をしていますか？
062	私は技術者です。
063	あそこにいる人は誰ですか？
064	彼も学生です。
065	あの男性はここの学生ですか？
066	いいえ、彼は違います。
067	あの男性たちも学生ではありません。
068	あなたはうちのクラス（の学生）ですか？
069	いいえ、私は学生ではありません。
070	あの男性はここの教授ですよね？
071	ええ、彼はそうです。
072	あの人たちは誰ですか？
073	彼らはたぶん警備員でしょう。
074	彼らは学生ではないのですか？
075	私は本当に知りません。

- 合格！　　0.5 秒以内に英語で言えたら、合格！
- もう少し！　5 秒以上かかる場合は、0.5 秒以内を目指して Step 1〜3 を繰り返してください。
- がんばろう！　正しい英語が出てこなかったら、Step 1〜4 を何度か繰り返してください。

これで、75 の基本文があなたのものになりました！

Step 1 リエゾン（連音）と区切り読みの練習
▶発音に注意しながら基本文をリピートする

B1_Training 1_Day 06

■次の文を、音声の後に続けてリピートしてください。

076	What's your name?	リピートする
077	My name is Phillip.	
078	What's your last name?	
079	My last name is Meyers.	
080	How do you spell your first name?	
081	Phillip, / P-H-I-L-L-I-P.	
082	What's your friend's name?	
083	His name is David Spencer.	
084	David and I are old friends.	
085	Are you David's brother?	
086	No, / I'm not.	
087	This is Mr. Meyers.	
088	How are you doing?	
089	Mrs. Tillman, / this is Mr. Elliott Kim.	
090	Very nice to meet you.	

英語は反復学習が大切です。

Step 2 | 短い会話の練習
▶問答形式で基本文を反復学習

■下の日本語に該当する英語を、左ページの 076〜090 の文から探し、英語音声の後に続けてリピートしてください。

1　A　How do you spell your ファーストネーム? 080
　　B　Natalie, N-A-T-A-L-I-E.

2　A　What's your 友達の名前? 082
　　B　His name is Paul Johnson.

3　A　Your friend's name is David, isn't it?
　　B　Yes. David and I are 昔からの friends. 084

4　A　こちら is Mr. Meyers. 087 He is my boss.
　　B　How are you doing, Mr. Meyers?

5　A　Mrs. Jones, this is Mr. Elliott Kim. He is my neighbor.
　　B　Very nice to 会う you, Mr. Kim. 090

6　A　What's your 名前? 076
　　B　My name is Harrison.

7　A　Are you John's brother?
　　B　No, I'm ではありません. 086 My brother's name is Henry.

Answer ⇢ 1 first name / 2 friend's name / 3 old / 4 This / 5 meet / 6 name / 7 not

勉強は他人がお膳立てしてくれるものではありません。

Step 3 | パターン学習
▶実際の状況で話せるように、基本パターンで繰り返す

Day 6 自己紹介

■英語音声を聞いたあとに、言葉を入れ替えて言ってみてください。

1 My name is [John / Brad]. I'm [an engineer / a marketer]. 🔊……………> 聞く
   🔊…> 別の言葉を入れて言ってみる

2 Do you see the young man over there? What's his [first / last] name?

3 His [first / last] name is [Bob / Johnson]. He's Bill's father.

4 Hi, my name is [Phillip / Ki-young]. What's your name?

5 It's time to begin. What's [your / his / her] last name?

6 How do you spell your [last / first] name?

継続して反復学習することで、自分のものになります。

7   I don't understand. Are you John's | brother |?
                                        | sister |
                                        | wife |

8   I'm Mr. Kim's | sister |. Do you know Mr. Kim?
                  | co-worker |
                  | friend |

9   John and I are | old friends |. How do you know John?
                   | brothers |

10 I'm not John's | brother |. I'm his | co-worker |.
                   | cousin | | brother |

11 Mrs. Jones, this is | Mr. Matthew Smith |.
                        | my family |

12 How are you doing? Very | pleased | to meet you.
                            | nice |

13 | It's a pleasure | to meet you, Mr. Smith.
    | I'm pleased |

14 Hello, it's a pleasure to meet | you |.
                                   | your family |

● cousin　いとこ / co-worker　同僚

大きな声で繰り返しましょう。自分の声に耳を傾けてみてください。

Step 4 | 長い会話の練習
▶長い会話の中で、基本文を確認

■下線部分を英語でどう言うか考えながら、A、Bの役を順番にやってみてください。

状況1　同じ会社の人と初めて会って自己紹介する。

A　How are you?
B　Fine, thanks. 私の名前はポールです。
　　I work in the marketing department.
A　Oh, I see. This is my first day.
　　My name is Harry Jones.
B　Harry, 会えて、とてもうれしいです。
A　So nice to meet you too. What's your last name?
B　My last name is Kim.
A　あなたの名字はどうつづるのですか？
B　Kim, K-I-M.

●department 部、部門

状況2　パーティで自分の同僚と旧友を引き合わせて紹介する。

A　Brad, こちらはフィリップ. Phillip, this is Brad.
B　Hello, Phillip. Nice to meet you.
C　僕もあなたに会えてうれしいです。
A　ブラッドと私は昔からの友達なのよ。 We went to high school together.
　　And Phillip is my co-worker. We work together.
C　I see. Actually I went to a high school close to here.
A　Really?
B　Which one?
C　Brookstone High school. It's about two blocks away.

Answer → 状況1　My name is Paul. / very nice to meet you / How do you spell your last name?
　　　　　状況2　this is Phillip. / I'm pleased to meet you, too. / Brad and I are old friends.

状況によってどのように使われる表現か、覚えておくことが大切です。

学習の成果をチェックしよう

■ 以下の日本語を見て、0.5 秒以内に英語で言ってみましょう。

076	お名前は？
077	私の名前はフィリップです。
078	あなたの名字は何ですか？
079	私の名字はマイヤーズです。
080	あなたのファーストネームはどうつづりますか？
081	フィリップ、P-H-I-L-L-I-P です。
082	お友達は何という名前ですか？
083	彼の名前はデビッド・スペンサーです。
084	デビッドと私は昔からの友人です。
085	あなたはデビッドのお兄さん(弟さん)ですか？
086	いいえ、私は違います。
087	こちらはマイヤーズさんです。
088	はじめまして。
089	ティルマン夫人、こちらはエリオット・キムさんです。
090	お会いできて、とてもうれしいです。

😊 合格! 0.5 秒以内に英語で言えたら、合格！

😐 もう少し！ 5 秒以上かかる場合は、0.5 秒以内を目指して Step 1〜3 を繰り返してください。

☹ がんばろう！ 正しい英語が出てこなかったら、Step 1〜4 を何度か繰り返してください。

これで、90 の基本文があなたのものになりました！

Step 1 リエゾン(連音)と区切り読みの練習
▶発音に注意しながら基本文をリピートする

🔊 B1_Training 1_Day 07

■次の文を、音声の後に続けてリピートしてください。

091	What day is today?
092	Today is Monday.
093	What day was yesterday?
094	Yesterday was Sunday, wasn't it?
095	Yes, it was.
096	What day is tomorrow?
097	What month is this?
098	It is January.
099	It's due tomorrow.
100	I saw her two days ago.
101	I was in the hospital / for several weeks / last month.
102	Where were you on Tuesday?
103	You were here in February, / weren't you?
104	No, / I wasn't.
105	I was out of town / for two months.

英語は反復学習が大切です。

Step 2 短い会話の練習
▶問答形式で基本文を反復学習

■下の日本語に該当する英語を、左ページの091〜105の文から探し、英語音声の後に続けてリピートしてください。

1　A　What day is today?
　　B　Today is 月曜日.⁰⁹²

2　A　What day was 昨日?⁰⁹³
　　B　I really don't know. Was it Sunday?

3　A　Yesterday was Sunday, そうでしょう?⁰⁹⁴
　　B　Yes, it was.

4　A　When is the paper due?
　　B　It's 期限です tomorrow.⁰⁹⁹

5　A　Were you here in August?
　　B　No, I wasn't. I was out of town for 2カ月間.¹⁰⁵

6　A　When did you see your sister?
　　B　She was here in town. I saw her 2日前に.¹⁰⁰

7　A　You were here 2月に, weren't you?¹⁰³
　　B　Yes, I was. I was here two weeks ago.

Answer ⟶　1 Monday / 2 yesterday / 3 wasn't it / 4 due / 5 two months / 6 two days ago / 7 in February

勉強は他人がお膳立てしてくれるものではありません。

Step 3 パターン学習
▶実際の状況で話せるように、基本パターンで繰り返す

■英語音声を聞いたあとに、言葉を入れ替えて言ってみてください。

1　What day is [today / tomorrow] ? Do you know?　聞く　別の言葉を入れて言ってみる

2　[Today / Tomorrow] is Monday.

3　What day is today? Is it [Tuesday / Thursday] ?

4　What month is this? Is it [January / February] ?

5　I really don't know. Maybe it's [March / April] .

6　My wife was in the hospital for several [weeks / days] .

継続して反復学習することで、自分のものになります。

7 I saw Tom two | days / weeks | ago.

8 I was in the hospital for several days in | May / June |.

9 You were in the hospital in | July / October |, weren't you?

10 No, I wasn't. I was in the hospital for several days in | August / November |.

11 My friend was in | the hospital / New York / Washington, D.C. | for several months.

12 Your friend was here | a week ago / a month ago |, wasn't he?

13 Where were you | last night / a week ago |? Were you in New York?

14 | I was / She was / My friends were | in New York for several days.

大きな声で繰り返しましょう。自分の声に耳を傾けてみてください。

Step 4 | 長い会話の練習
▶長い会話の中で、基本文を確認

■下線部分を英語でどう言うか考えながら、A、Bの役を順番にやってみてください。

状況1 同じ研究所の仲間が、久しぶりに会って近況を語り合う。

A　今日は何曜日だっけ, Bill?
B　今日は月曜日だよ。Yesterday was Sunday, so today is Monday.
A　Where were you last month?
B　Last month? Last month was May.
　　僕は先月はここにいたよ。
A　Weren't you in New York in April?
B　No, I wasn't. I was in New York three months ago.
A　How long were you in New York?
B　I was there for eight days.

状況2 リックのことを友達が心配している。

A　What day is today, Rick?
B　Today is Monday.
A　あなたは昨日、どこにいたの？
B　I went to the hospital. 妻が何週間か入院してたんだよ。
A　Oh, no. How is she now?
B　She's better now. Thank you.
A　Weren't you in D.C. for a few days?
B　Yes, I was. 僕は12月に2、3週間ワシントンDCにいた。

Answer → 状況1　What day is today? / Today is Monday. / I was here last month.
　　　　 状況2　Where were you yesterday? / My wife was in the hospital for several weeks. / I was in D.C. for a few weeks in December.

状況によってどのように使われる表現か、覚えておくことが大切です。

学習の成果をチェックしよう

■以下の日本語を見て、0.5秒以内に英語で言ってみましょう。

091	今日は何曜日ですか？
092	今日は月曜日です。
093	昨日は何曜日でしたっけ？
094	昨日は日曜日でしたよね？
095	はい、そうでした。
096	明日は何曜日ですか？
097	今は何月ですか？
098	今は1月です。
099	それは明日までです。
100	私は2日前に彼女に会いました。
101	私は先月、数週間入院していました。
102	あなたは火曜日はどこにいましたか？
103	あなたは2月にここにいましたよね？
104	いいえ、いませんでした。
105	私は2カ月間、町を離れていました。

合格！　　0.5秒以内に英語で言えたら、合格！
もう少し！　5秒以上かかる場合は、0.5秒以内を目指してStep 1〜3を繰り返してください。
がんばろう！　正しい英語が出てこなかったら、Step 1〜4を何度か繰り返してください。

これで、105の基本文があなたのものになりました！

Step 1 | リエゾン（連音）と区切り読みの練習
▶発音に注意しながら基本文をリピートする

🔊 B1_Training 1_Day 08

■次の文を、音声の後に続けてリピートしてください。

106	Do you have a cell phone?
107	Yes, / I do.
108	You have a ticket, / don't you?
109	No, / I don't.
110	I don't have a ticket, / either.
111	Does this ticket belong to you?
112	Yes, / I think it does.
113	How many sisters and brothers / do you have?
114	Don't you have my hat?
115	Yes, / I have both your hat / and your coat.
116	Does John have a pet?
117	Yes, / he does.
118	He has a dog, / doesn't he?
119	No, / he doesn't have one.
120	He already has pictures, / but he doesn't have an album yet.

英語は反復学習が大切です。

Step 2 短い会話の練習
▶問答形式で基本文を反復学習

■下の日本語に該当する英語を、左ページの 106〜120 の文から探し、英語音声の後に続けてリピートしてください。

1　A　You 持っている a ticket, don't you? [108] ……▶ リピートする
　　B　No, I don't. ……▶ リピートする

2　A　Do you have a blanket?
　　B　Yes, 私は持っています.[107]

3　A　How many 姉妹や兄弟 do you have? [113]
　　B　I have three sisters and two brothers.

4　A　John, don't you have my hat?
　　B　Yes, Harry. I have 両方 your hat and your coat.[115]

5　A　Does John have ペットを1匹? [116]
　　B　Yes, he does. He has a dog.

6　A　Does this camera belong to you?
　　B　Yes, 私は思います it does.[112]

7　A　He has a dog, doesn't he?
　　B　No, he doesn't have 1匹.[119]

Answer ⇢ 1 have / 2 I do / 3 sisters and brothers / 4 both / 5 a pet / 6 I think / 7 one

勉強は他人がお膳立てしてくれるものではありません。

Step 3 | パターン学習
▶実際の状況で話せるように、基本パターンで繰り返す

■英語音声を聞いたあとに、言葉を入れ替えて言ってみてください。

1 Do [you / we] have [a book / a projector] ? ……………→ 聞く
   ……………→ 別の言葉を入れて言ってみる

2 You have [a camera / a big family], don't you?

3 I don't have a TV. I don't have [a cell phone / a notebook computer], either.

4 Does this [cell phone / passport] belong to you?

5 Yes, it does. That [cell phone / passport] is mine.

6 Yes, I think it does. I [think / believe] that cell phone is mine.

● projector プロジェクター、映写機 / passport 旅券、パスポート

継続して反復学習することで、自分のものになります。

7   I think that's John's bag. Does John have a | yellow | bag?
                                                | blue |

8   How many | sisters and brothers | do you have?
             | aunts and uncles |

9   No, he doesn't have | a car |.
                        | a cat |

10 Whose coat is this? Does this coat belong to | you |?
                                                 | Mr. Jackson|

11 Who has my coat? My coat is | brown |.
                                | black |

12 | Helen | doesn't have your cell phone. She doesn't have your
    | She |

    book, either.

13 How many books | do you | have? Do you know?
                   | does he |

14 I really don't know. I don't know how many | books | I have.
                                               | notebooks |

大きな声で繰り返しましょう。自分の声に耳を傾けてみてください。

223

Step 4 | 長い会話の練習
▶長い会話の中で、基本文を確認

■下線部分を英語でどう言うか考えながら、A、Bの役を順番にやってみてください。

状況1　携帯電話について友達と話している。

A　Melanie, 君は携帯電話を持っている?
B　Yes, I do. But I don't know where my cell phone is now.
A　Here's a cell phone over here.
　　この携帯電話は君の?
B　No, 違います. That is not mine.
A　Whose is it?
B　I don't know whose it is.
A　You have a laptop computer, don't you?
B　No, 私はノートパソコンも持っていません.

●laptop　ノートパソコン

状況2　コートと帽子について確認している。

A　Where are my coat and hat?
　　Harry, 私のコートを持っていない?
B　君のコートも帽子も、僕が両方持っているよ。
A　Oh, good. Thank you. Does Sally have a coat?
B　No, she doesn't have one.
A　Oh, あなたはコートを持っているわよね?
B　Yes, I do.

Answer ⇢　状況1　do you have a cell phone? / Does this cell phone belong to you? / it doesn't / I don't have a laptop, either.
　　　　　状況2　don't you have my coat? / I have both your coat and your hat. / you have a coat, don't you?

状況によってどのように使われる表現か、覚えておくことが大切です。

学習の成果をチェックしよう

■以下の日本語を見て、0.5秒以内に英語で言ってみましょう。

106	あなたは携帯電話を持っていますか？
107	はい、持っています。
108	あなたはチケットを持っていますよね？
109	いいえ、持っていません。
110	私も、チケットを持っていません。
111	このチケットはあなたのですか？
112	はい、そうだと思います。
113	ごきょうだいは何人ですか？
114	私の帽子を持っていませんか？
115	ええ、あなたの帽子もコートも、両方持っています。
116	ジョンはペットを飼っていますか？
117	はい、(彼は)飼っています。
118	彼は犬を飼っていますよね？
119	いいえ、(彼は)飼っていません。
120	彼は、写真はもう持っていますが、アルバムはまだ持っていません。

- 😊 合格!　　0.5秒以内に英語で言えたら、合格!
- 😐 もう少し!　5秒以上かかる場合は、0.5秒以内を目指してStep 1〜3を繰り返してください。
- 😞 がんばろう!　正しい英語が出てこなかったら、Step 1〜4を何度か繰り返してください。

これで、120の基本文があなたのものになりました！

225

Step 1 | リエゾン（連音）と区切り読みの練習
▶発音に注意しながら基本文をリピートする

🔊 B1_Training 1_Day 09

■次の文を、音声の後に続けてリピートしてください。

121	What time is it? 🔊 ┈┈┈▷ リピートする
122	It's two o'clock.
123	It's a few minutes after two.
124	Can you meet me at five?
125	No, / I can't.
126	I don't know what time it is.
127	I don't think it's four o'clock yet.
128	It must be about three thirty.
129	My watch is fast / and your watch is slow.
130	I get up / before six o'clock every day.
131	The restaurant doesn't open / until seven forty-five.
132	Will you be here / at ten o'clock tomorrow?
133	Yes, / I will.
134	We'll be on time, / won't we?
135	I hope so.

英語は反復学習が大切です。

Step 2 | 短い会話の練習
▶問答形式で基本文を反復学習

■下の日本語に該当する英語を、左ページの121～135の文から探し、英語音声の後に続けてリピートしてください。

1 A 何時 is it? [121]
  B It's 2 o'clock. Is it time to go?

2 A It's four o'clock, isn't it?
  B I don't think it's 4 o'clock まだ.[127]

3 A Can you meet me 5時に?[124]
  B Sure I can. Where do you want to meet?

4 A What time do you get up every day?
  B I get up 6時前に every day.[130]

5 A Isn't the restaurant open yet?
  B No. The restaurant doesn't open までは 7:45.[131]

6 A We'll be on time, won't we?
  B I そう願います.[135] We'll be there at 10:30.

7 A I think it's a few minutes 2時を過ぎて.[123]
  B No, it isn't. It's not 2 o'clock yet.

Answer ⟶ 1 What time / 2 yet / 3 at 5 / 4 before 6 o'clock / 5 until / 6 hope so / 7 after 2

勉強は他人がお膳立てしてくれるものではありません。

227

Step 3 パターン学習
▶実際の状況で話せるように、基本パターンで繰り返す

■英語音声を聞いたあとに、言葉を入れ替えて言ってみてください。

1. What time is it? Is it | 1 o'clock | ? 　聞く
   　　　　　　　　　　　 | 2 o'clock | 　別の言葉を入れて言ってみる

2. I think my watch is fast. It must be about | 7 o'clock |.
   　　　　　　　　　　　　　　　　　　　　　　　| 8 o'clock |

3. | We don't | know what time it is.
   | He doesn't |

4. The | restaurant | doesn't open until 10 o'clock.
   　　 | theater |

5. I get up before 6 o'clock | every day |.
   　　　　　　　　　　　　　　 | on Mondays |

6. It must be about | 6:45 |. We'll be late, won't we?
   　　　　　　　　　| 7 |

●theater 劇場、映画館 / on Mondays 毎週月曜日に

継続して反復学習することで、自分のものになります。

7 Excuse me. Can you tell me | the correct time / what time it is now | ?

8 I have the correct time. It's now 3: | 15 / 16 | .

9 No, I can't. My watch is | slow / fast | .

10 Will you be here | at 10 o'clock tomorrow / by 8 tomorrow morning | ?

11 I don't know what time it is. It must be about | 3 o'clock / noon | .

12 I'll be | on time / a little late / a little early | .

13 We were | on time / late / early | yesterday. Were you on time?

14 Could you tell me what time it is? I | need to / have to | know what time it is.

- correct　正確な / need to　～する必要がある / have to　～しなくてはいけない

大きな声で繰り返しましょう。自分の声に耳を傾けてみてください。

229

Step 4 | 長い会話の練習
▶長い会話の中で、基本文を確認

■下線部分を英語でどう言うか考えながら、A、Bの役を順番にやってみてください。

状況1 学生のヘレンが教授と翌日の約束をしている。

A 何時ですか, please?
B Well, まだ4時になっていないと思いますよ.
A I see. Well, it must be 3:30.
B Oh, Helen, 明日の朝8時にここに来られますか?
A ええ、そうします。
B Great. Let's meet in this room at 8 o'clock tomorrow.
A Sure. I'll be here at ten to eight.
B OK. See you tomorrow.

Aのせりふを言う（音声はB）
↓
Bのせりふを言う（音声はA）

状況2 レストランを予約してある夫婦の会話。

A What time is it?
B 5時を数分過ぎたところよ。
A Your watch must be fast. Look, it's 4:55.
B Well, 私たちは間に合いそうよね?
A Yes, we won't be late.
B What time does the restaurant open?
A あのレストランは6時45分まで開店しないよ。

Answer → 状況1 What time is it / I don't think it's 4 o'clock yet. / will you be here at 8 o'clock tomorrow morning? / Yes, I will.
状況2 It's a few minutes after 5. / we'll be on time, won't we? / The restaurant doesn't open until 6:45.

状況によってどのように使われる表現か、覚えておくことが大切です。

学習の成果をチェックしよう

■以下の日本語を見て、0.5秒以内に英語で言ってみましょう。

121	（今）何時ですか？
122	（今）2時です。
123	2時を数分過ぎたところです。
124	5時に会ってもらえますか？
125	いいえ、会えません。
126	何時なのか分かりません。
127	まだ4時になっていないと思います。
128	きっと3時30分頃です。
129	私の時計は進んでいて、あなたの時計は遅れています。
130	私は毎日6時前に起きます。
131	そのレストランは7時45分まで開店しません。
132	明日10時にこちらにおいでになりますか？
133	はい、来ます。
134	私たちは間に合いますよね？
135	そう願いたいね。

合格！　　0.5秒以内に英語で言えたら、合格！

もう少し！　5秒以上かかる場合は、0.5秒以内を目指してStep 1～3を繰り返してください。

がんばろう！　正しい英語が出てこなかったら、Step 1～4を何度か繰り返してください。

これで、135の基本文があなたのものになりました！

Step 1 リエゾン（連音）と区切り読みの練習
▶ 発音に注意しながら基本文をリピートする

B1_Training 1_Day 10

■次の文を、音声の後に続けてリピートしてください。

136	What's the date today?
137	Today is / November 1st.
138	When were you born?
139	I was born on November 1st, / 1987.
140	Today is my birthday.
141	My sister was born in 1990.
142	I don't know the exact date.
143	Where were you born?
144	Where is your hometown?
145	I was born in a little town in New York.
146	Madison is my hometown.
147	Where did you grow up?
148	I grew up in Chicago.
149	Where did you go to school?
150	I went to Madison high school.

英語は反復学習が大切です。

Step 2 | 短い会話の練習
▶ 問答形式で基本文を反復学習

■ 下の日本語に該当する英語を、左ページの136～150の文から探し、英語音声の後に続けてリピートしてください。

1　A　Good morning, John. What's the 日にち today? [136]
　　B　Today is November 1st.

2　A　Today is your birthday, isn't it?
　　B　Yes, 今日 is my birthday. [140] How did you know?

3　A　When were you 生まれる, Melanie? [138]
　　B　I was born on October 2nd, 1992.

4　A　どこで were you born? [143]
　　B　I was born in a little town in California.

5　A　Where is your 故郷? [144]
　　B　Kingston is my hometown.

6　A　Where did you 育つ? [147] Did you grow up in New York?
　　B　Yes, I grew up in New York.

7　A　Where did you go to high school?
　　B　I 通いました to Madison High School. [150]

Answer → 1 date / 2 today / 3 born / 4 Where / 5 hometown / 6 grow up / 7 went

勉強は他人がお膳立てしてくれるものではありません。

233

Step 3 | パターン学習
▶実際の状況で話せるように、基本パターンで繰り返す

■英語音声を聞いたあとに、言葉を入れ替えて言ってみてください。

1. Excuse me, | Jack / Sally |. What's the date today?

2. Today is November | 1st / 7th |.

3. I don't know the exact | date / month |.

4. Where | were you / was he | born?

5. | I / He | was born on | April 29th, 1988 / July 2nd, 1968 |.

6. I was born in | a little town in New York / a small city in California |.

継続して反復学習することで、自分のものになります。

7 Where is [your / his] hometown?

8 [Madison / Dayton] is [my / his] hometown.

9 She was born [far from / near] here.

10 [My sister was born in 2005, / You were] [wasn't she / weren't you]?

11 Where did [you / she] grow up?

12 [I / Naoko] grew up in [Chicago, USA / Tokyo, Japan].

13 Where did you go to [school / college]?

14 I went to Madison [High School / University].

● far from 〜から遠くに / near 近い / college 大学 / university (総合)大学

大きな声で繰り返しましょう。自分の声に耳を傾けてみてください。

Step 4 | 長い会話の練習
▶長い会話の中で、基本文を確認

■下線部分を英語でどう言うか考えながら、A、Bの役を順番にやってみてください。

状況1 友達になったばかりの2人が話している。

A　Excuse me, Bill. How are you this morning?
B　Fine, thanks. How about yourself?
A　I'm good, too. Thanks. 今日は何日だっけ？
B　Today is November 9th. Isn't it your birthday?
A　No, it isn't. My birthday is the 12th of November.
B　I see. Were you born in New York?
A　僕はニュージャージーの小さな町で生まれたんだ。
　　It's not far from New York.
　　君はどこで生まれたの？ Were you born in America?
B　No, I was born in Ontario, Canada.

状況2 大学で知り合った2人が、お互いの出身地について話す。

A　Good morning, Susanna. How are you doing?
B　Pretty good, Helen.
A　Susanna, あなたはどこの高校に通っていたの?
B　私はマディソン高校に通っていたの。Where is your hometown, Helen?
A　San Diego is my hometown.
B　I see. 私はマディソンで育ったの。
A　Is that your hometown?
B　Yes, マディソンが私の故郷よ.

Answer ⟶　状況1　What's the date today? / I was born in a small town in New Jersey. / Where were you born?
　　　　　状況2　where did you go to high school? / I went to Madison High School. / I grew up in Madison. / Madison is my hometown.

状況によってどのように使われる表現か、覚えておくことが大切です。

学習の成果をチェックしよう

■以下の日本語を見て、0.5秒以内に英語で言ってみましょう。

136	今日は何日ですか？
137	今日は11月1日です。
138	お生まれはいつですか？
139	私は1987年11月1日に生まれました。
140	今日は私の誕生日です。
141	私の妹(姉)は1990年生まれです。
142	私は正確な日にちは知りません。
143	どちらのお生まれですか？
144	ご出身はどちらですか？
145	私はニューヨークの小さな町で生まれました。
146	マディソンが私の故郷です。
147	どこで育ったのですか？
148	私はシカゴで育ちました。
149	どこの学校に通ったのですか？
150	私はマディソン高校に通いました。

☺ 合格！　　0.5秒以内に英語で言えたら、合格！
😐 もう少し！　5秒以上かかる場合は、0.5秒以内を目指してStep 1〜3を繰り返してください。
☹ がんばろう！　正しい英語が出てこなかったら、Step 1〜4を何度か繰り返してください。

これで、150の基本文があなたのものになりました！

Step 1 リエゾン（連音）と区切り読みの練習
▶発音に注意しながら基本文をリピートする

🔊 B1_Training 1_Day 11

■次の文を、音声の後に続けてリピートしてください。

151 What do you want?

152 I want a cup of coffee.

153 What would you like to eat?

154 Please / give me a piece of pie.

155 Which one would you like – this one / or that one?

156 It doesn't matter to me.

157 I'd like to talk with Mr. Jones / or Mr. Smith.

158 I'm sorry, / but both of them are busy / right now.

159 Wouldn't you like some coffee?

160 I'd rather have some tea, / if you don't mind.

161 Which one of them is Mr. Taylor?

162 Is he the tall man / on the left?

163 Do you know / any of those people?

164 Two or three of them look familiar.

165 All of them / are friends of mine.

英語は反復学習が大切です。

Step 2 | 短い会話の練習
▶問答形式で基本文を反復学習

■ 下の日本語に該当する英語を、左ページの 151〜165 の文から探し、英語音声の後に続けてリピートしてください。

1　A　What do you 欲しい? [151] 🔊 ·········▷ リピートする
　　B　I want a cup of coffee. 🔊 ·········▷ リピートする

2　A　What would you like to eat, John?
　　B　Please 与える me a piece of pie.[154]

3　A　どちら would you like – this one or that one?[155]
　　B　It doesn't matter to me.

4　A　I'd like to talk with Mr. Jones or Mr. Smith.
　　B　I'm sorry, but 2人とも are busy right now.[158]

5　A　Do you know any of these people?
　　B　彼らは皆 are friends of mine.[165]

6　A　Is Mr. Taylor the tall man 左側の?[162]
　　B　Yes, he is. That's Mr. Taylor on the left.

7　A　Wouldn't you like some coffee?
　　B　お茶にしていただけますか, if you don't mind.[160]

Answer ⇢　1 want / 2 give / 3 Which one / 4 both of them / 5 All of them / 6 on the left /
　　　　　7 I'd rather have some tea

　勉強は他人がお膳立てしてくれるものではありません。

Step 3 | パターン学習
▶実際の状況で話せるように、基本パターンで繰り返す

■英語音声を聞いたあとに、言葉を入れ替えて言ってみてください。

1 What do you want, | Bill | ? ……………………→ 聞く
                     | Mr. Jones | ……………→ 別の言葉を入れて言ってみる

2 I don't want a cup of coffee. I want a glass of | milk | .
                                                   | water |

3 Excuse me. What would you like to | eat | ?
                                      | drink |

4 Please give me | a piece of cake | .
                  | some pie |
                  | a little more ice cream |

5 Which | one | would you like – this one or that one?
         | cup |

6 | All | of them are friends of mine.
   | A few |
   | None |

継続して反復学習することで、自分のものになります。

7 I think I know those people. | Two or three | of them look familiar.
                                  | Some |
                                  | Most |

8 Is that Mr. Taylor? Is he the | tall | man on the left?
                                  | thin |

9 I don't know the man | on the left | . Is that Mr. Taylor?
                        | on the right |
                        | in the middle |

10 If it's okay, I'd like to talk to | Mr. Taylor | .
                                      | Helen |

11 Would you rather have | coffee or tea | ?
                          | pie or cake |
                          | hot cocoa or milk |

12 I'd rather have some | tea | , if you don't mind.
                         | cake |
                         | water |

13 I'd rather not have | coffee | . Do you have some | tea | ?
                        | ice cream | | fruit |
                        | juice | | water |

14 Is | Mr. Taylor | the man | on the left?
       | Mrs. Clint | the lady |
       | John | the boy |

大きな声で繰り返しましょう。自分の声に耳を傾けてみてください。

Step 4 | 長い会話の練習
▶長い会話の中で、基本文を確認

■下線部分を英語でどう言うか考えながら、A、Bの役を順番にやってみてください。

状況1 2人がレストランで料理を選んでいる。

A　What do you want, John?
B　Oh, I don't know. 君は何が欲しいの, Bill?
A　僕はコーヒー1杯とケーキを1切れもらうよ。
B　Hmm, the cake looks so yummy.
　　I think I'll have one, too.
A　Wouldn't you like to have coffee with it?
B　No, I don't want coffee. 僕はお茶の方がいいな。
A　What would you like to eat?
B　I'd like to have a salad.

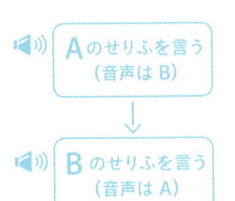

状況2 法律事務所を訪れた人が、弁護士との面会を申し込んでいる。

A　Good morning. How can I help you?
B　We'd like to talk with Mr. Harrison or Mr. Cooper.
A　I'm sorry, but ただ今2人とも手が離せない状態です.
B　I see. Can we speak to someone else?
A　Mr. Clint can help you. Do you see those men over there?
B　Yes, どの人がクリントさんですか?
A　He is the one on the left.

Answer → 状況1　What do you want / I want a cup of coffee and a piece of cake. / I'd rather have some tea.
　　　　　状況2　both of them are busy right now. / which one is Mr. Clint?

状況によってどのように使われる表現か、覚えておくことが大切です。

学習の成果をチェックしよう

■以下の日本語を見て、0.5秒以内に英語で言ってみましょう。

151　何が欲しいですか？

152　コーヒーを1杯いただきたいです。

153　何が食べたいですか？

154　パイを1切れください。

155　どちらがいいですか ── これですか、それともあれですか？

156　私は(どちらでも)構いません。

157　ジョーンズさんかスミスさんと話したいのですが。

158　申し訳ありませんが、ただ今2人とも手が離せない状態です。

159　コーヒーはいかがですか？

160　差し支えなければ、お茶にしていただけますか。

161　彼らのうち、どの人がテイラーさんですか？

162　左側の背の高い男性が彼ですか？

163　あの人たちのうち、誰か知っていますか？

164　彼らのうち、2、3人は見覚えがあります。

165　彼らは皆、私の友人です。

😊 合格!　　0.5秒以内に英語で言えたら、合格！

😐 もう少し!　5秒以上かかる場合は、0.5秒以内を目指してStep 1〜3を繰り返してください。

☹ がんばろう!　正しい英語が出てこなかったら、Step 1〜4を何度か繰り返してください。

これで、165の基本文があなたのものになりました！

Step 1 リエゾン（連音）と区切り読みの練習
▶発音に注意しながら基本文をリピートする

B1_Training 1_Day 12

■次の文を、音声の後に続けてリピートしてください。

166	Do you speak English? リピートする
167	Yes, / a little.
168	Does your friend speak English?
169	Yes, / he speaks English perfectly.
170	Her English is not bad.
171	What's his native language?
172	His native language is French.
173	How many languages / do you speak?
174	My friend reads and writes Korean.
175	He speaks English / with a Korean accent.
176	How is Helen's English?
177	She speaks English fluently.
178	How well do you speak English?
179	Sometimes / I make mistakes / when I speak English.
180	I have a lot of trouble with pronunciation.

英語は反復学習が大切です。

Step 2 | 短い会話の練習
▶問答形式で基本文を反復学習

■ 下の日本語に該当する英語を、左ページの 166〜180 の文から探し、英語音声の後に続けてリピートしてください。

1 A あなたは話せますか English?[166] ············> リピートする
  B Yes, a little. ············> リピートする

2 A 何カ国語を do you speak?[173]
  B I only speak Korean and English.

3 A Does your friend speak Korean?
  B Yes, he does. My friend also 読み書きができます Korean.[174]

4 A Do you speak English fluently?
  B Yes, I do, but 時々 I make mistakes.[179]

5 A Do you speak English very well?
  B Not really. I have a lot of 苦労 with pronunciation.[180]

6 A What's George's native language?
  B His 母語 is French.[172]

7 A How is Helen's English?
  B Her English is 下手ではない.[170]

Answer ⇢ 1 Do you speak / 2 How many languages / 3 reads and writes / 4 sometimes / 5 trouble / 6 native language / 7 not bad

勉強 は 他人 が お 膳立 て し て くれる もの で は あり ま せ ん 。

245

Step 3 | パターン学習
▶実際の状況で話せるように、基本パターンで繰り返す

■英語音声を聞いたあとに、言葉を入れ替えて言ってみてください。

1. Do you speak English / Chinese ? 🔊 ·········> 聞く
   🔊 ·········> 別の言葉を入れて言ってみる

2. Yes, I do. I speak fluent / a little English.

3. Does your friend speak English / Spanish ?

4. Ms. Kim / Ms. Wang doesn't have a Korean / Chinese accent when she speaks English.

5. What's your friend's / Helen's native language? Is it Japanese?

6. My friend, Matthew Smith / Harry Jones , reads and writes Korean / Chinese .

● Chinese 中国語 / fluent 流ちょうな / Spanish スペイン語

継続して反復学習することで、自分のものになります。

246

7   He speaks French with | an American | accent, doesn't he?
                          | an Italian |

8 | Sometimes | I make mistakes when I speak English. Do you?
    | Often |

9   I have a lot of trouble with | pronunciation | . Do you?
                                  | grammar |

10 How is her | English | ? Is it very good?
               | Korean |

11 How well | do you | speak English?
             | does he |

12 He speaks English | perfectly | .
                      | just a little |

13 Her | English | is not bad.
        | Korean |

14 How many languages | do you speak | ?
                       | does your father speak |

• Italian　イタリアの / grammar　文法

大きな声で繰り返しましょう。自分の声に耳を傾けてみてください。

247

Step 4 | 長い会話の練習
▶長い会話の中で、基本文を確認

■下線部分を英語でどう言うか考えながら、A、Bの役を順番にやってみてください。

状況1　中国人の同僚に、家族が話す言葉について聞いている。

A　Does your family speak Chinese?
B　Yes, 私の両親はどちらも流ちょうに中国語を話します.
　　But 私は米語なまりの中国語を話します.
A　Do you make mistakes when you speak Chinese?
B　Yes. Very often I make mistakes in pronunciation.
A　Do you understand your parents when they speak Chinese?
B　Yes. I understand them perfectly.
A　あなたのご両親は、何カ国語を話せますか？
B　Two. 彼らは中国語と英語の両方を話せます.

状況2　2人がそれぞれの友達について話している。

A　君の友達の母語は日本語だよね？
B　Yes, it is. But he speaks English very well.
A　彼は日本語なまりの英語を話すの？
B　Yes, he does. He has a Japanese accent.
A　My friend's native language is Spanish, but he speaks English pretty well, too.
B　Does he have much trouble with pronunciation?
A　Yes, he does. And 彼はつづりでとても苦労してるよ.

Answer → 状況1　Both of my parents speak Chinese fluently. / I speak Chinese with an American accent. / How many languages do your parents speak? / They speak both Chinese and English.
　　　　 状況2　Your friend's native language is Japanese, isn't it? / Does he speak English with a Japanese accent? / he has a lot of trouble with spelling.

状況によってどのように使われる表現か、覚えておくことが大切です。

学習の成果をチェックしよう

■以下の日本語を見て、0.5秒以内に英語で言ってみましょう。

166	英語は話せますか？
167	はい、少し。
168	お友達は英語が話せますか？
169	はい、彼は英語を完璧に話します。
170	彼女の英語は下手ではありません。
171	彼の母語は何ですか？
172	彼の母語はフランス語です。
173	あなたは何カ国語を話せますか？
174	私の友達は、韓国語の読み書きができます。
175	彼は韓国語なまりの英語を話します。
176	ヘレンの英語はどうですか？
177	彼女は流ちょうに英語を話します。
178	英語はどれくらいうまく話せますか？
179	私は英語を話すときに、時々間違えます。
180	私は発音でとても苦労しています。

- 合格！　0.5秒以内に英語で言えたら、合格！
- もう少し！　5秒以上かかる場合は、0.5秒以内を目指してStep 1～3を繰り返してください。
- がんばろう！　正しい英語が出てこなかったら、Step 1～4を何度か繰り返してください。

これで、180の基本文があなたのものになりました！

Step 1 リエゾン（連音）と区切り読みの練習
▶発音に注意しながら基本文をリピートする

🔊 B1_Training 1_Day 13

■次の文を、音声の後に続けてリピートしてください。

181　What are you doing?
182　I'm reading a book.
183　What's your friend doing?
184　He's studying for the test tomorrow.
185　I'm not doing anything right now.
186　Where are you going?
187　I'm going home.
188　What time are you coming back?
189　I'm not sure / what time I'm coming back.
190　What are you thinking about?
191　I'm thinking about the job interview.
192　Who are you emailing?
193　I'm emailing a friend of mine in Hawaii.
194　By the way, / who are you waiting for?
195　I'm not waiting for anybody.

英語は反復学習が大切です。

Step 2 | 短い会話の練習
▶問答形式で基本文を反復学習

■下の日本語に該当する英語を、左ページの 181〜195 の文から探し、英語音声の後に続けてリピートしてください。

1 A What are you doing?
  B I'm 本を読んでいます.[182]

2 A What's your friend doing?
  B He's 勉強している for the test tomorrow.[184] He's very busy right now.

3 A What are you doing, Liz?
  B 私はしていません anything right now.[185]

4 A どこ are you going, Henry?[186]
  B I'm going home now.

5 A What time are you 帰ってくる, Henry?[188]
  B I'm not sure what time I'm coming back.

6 A I'm coming back at about 3 o'clock. What are you doing?
  B I'm メールしている a friend of mine in Hawaii.[193]

7 A What are you 考えている about?[190]
  B I'm thinking about my vacation.

Answer → 1 reading a book / 2 studying / 3 I'm not doing / 4 Where / 5 coming back / 6 emailing / 7 thinking

勉強は他人がお膳立てしてくれるものではありません。

Step 3 | パターン学習
▶実際の状況で話せるように、基本パターンで繰り返す

■英語音声を聞いたあとに、言葉を入れ替えて言ってみてください。

1. [Hi / Good morning], Bill. What are you doing? 🔊 ……→ 聞く
   🔊 ……→ 別の言葉を入れて言ってみる

2. I'm reading [a book / a magazine]. What are you doing right now?

3. What is [your friend / Phillip] doing right now?

4. He's [studying / preparing / reviewing] for the test tomorrow.

5. I'm not doing anything [right now / at the moment].

6. Where are [you / we] going this afternoon?

● prepare 準備する / review 復習する / at the moment 今のところ

継続して反復学習することで、自分のものになります。

7 I'm going [home / to the market] now.

8 What time are [we / they] coming back? Do you know?

9 I'm not sure what time [I'm / he's] coming back.

10 [We're / I'm] coming back before 12.

11 [What / Who] are you thinking about?

12 I'm thinking about [my favorite idol star / a friend of mine].

13 Who are you [emailing / waiting for]?

14 I'm [emailing / waiting for] Mr. Jackson.

● market 市場、マーケット

大きな声で繰り返しましょう。自分の声に耳を傾けてみてください。

Step 4 | 長い会話の練習
▶長い会話の中で、基本文を確認

■下線部分を英語でどう言うか考えながら、A、Bの役を順番にやってみてください。

状況1　ジョンが休暇について友達と話している。

A　<u>何をしているの</u>, John? Are you waiting for someone?
B　No, <u>僕は誰も待ってないよ</u>. I'm writing an email.
A　<u>誰に書いてるの？</u>
B　I'm writing to Mr. Jackson about my vacation.
A　Oh, I see. <u>私も休暇について考えてるところよ。</u>
B　Oh, yeah? Where are you going for vacation?
A　I'm not sure yet, but I think I'll go to the mountains.
B　That sounds great.

状況2　道で偶然会った近所の人と話している。

A　<u>どちらに行かれるんですか？</u>
B　I'm going home. What about you? Are you going home, too?
A　Yes, but <u>僕は今、妹を待っているところです</u>.
B　Where's your sister?
A　<u>彼女はあそこで自分の友達と話しています。</u>
B　Oh, yes, I see her.
A　By the way, are you going to Peter's party tonight?
B　No, <u>私は行かない</u> to his party. I'm going to Jim's birthday party tonight.

Answer → 状況1　What are you doing / I'm not waiting for anybody. / Who are you writing to? / I'm thinking about my vacation, too.
　　　　 状況2　Where are you going? / I'm waiting for my sister right now. / She's talking with a friend of hers over there. / I'm not going

状況によってどのように使われる表現か、覚えておくことが大切です。

学習の成果をチェックしよう

■ 以下の日本語を見て、0.5秒以内に英語で言ってみましょう。

181	何をしているのですか？
182	本を読んでいます。
183	あなたの友達は何をしているのですか？
184	彼は明日の試験のために勉強しています。
185	私は、今は何もしていません。
186	どちらに行かれるのですか？
187	家に帰ります。
188	何時に帰ってきますか？
189	帰りが何時になるかは、はっきり分かりません。
190	何を考えているのですか？
191	就職の面接について考えています。
192	誰にメールしているのですか？
193	ハワイの友達にメールしています。
194	ところで、あなたは誰を待っているのですか？
195	私は誰も待っていません。

- 合格！　0.5秒以内に英語で言えたら、合格！
- もう少し！　5秒以上かかる場合は、0.5秒以内を目指してStep 1〜3を繰り返してください。
- がんばろう！　正しい英語が出てこなかったら、Step 1〜4を何度か繰り返してください。

これで、195の基本文があなたのものになりました！

Step 1 | リエゾン（連音）と区切り読みの練習
▶発音に注意しながら基本文をリピートする

🔊 B1_Training 1_Day 14

■次の文を、音声の後に続けてリピートしてください。

196	How old are you? 🔊 ……▷ リピートする
197	I'm twenty-one years old.
198	My brother is not quite twenty-five.
199	John is not forty-five yet, is he?
200	Mr. Smith is still in his fifties.
201	I'm two years older than you are.
202	My brother is two years younger than I am.
203	How many people are there in your family?
204	There are seven of us all together.
205	My sister is the oldest.
206	I'm the youngest.
207	Guess / how old I am.
208	I'd say / you're about twenty-three.
209	I turned thirty on my last birthday.
210	I'm going to be twenty-one next Tuesday.

英語は反復学習が大切です。

Step 2 | 短い会話の練習
▶問答形式で基本文を反復学習

■ 下の日本語に該当する英語を、左ページの 196～210 の文から探し、英語音声の後に続けてリピートしてください。

1 A How old are you?
   B I'm 27 years old. I'm 2 years 年上の than you are.[201]

2 A How old is your brother?
   B My brother is まだ25歳にならない.[198]

3 A John is not 60 yet, is he?
   B I don't think so. I'd say Mr. Smith is まだ in his 50代.[200]

4 A I 30歳になりました on my last birthday.[209]
   B Wow, really?

5 A 何人 are there in your family?[203]
   B There are 4 of us all together.

6 A Are you the oldest in your family?
   B No, I'm not. I'm 一番年下の.[206]

7 A 当ててください how old I am.[207]
   B I'd say you're about 30 years old.

Answer → 1 older / 2 not quite 25 / 3 still, fifties / 4 turned 30 / 5 How many people / 6 the youngest / 7 Guess

勉強は他人がお膳立てしてくれるものではありません。

Step 3 パターン学習
▶実際の状況で話せるように、基本パターンで繰り返す

Day 14 年齢

■英語音声を聞いたあとに、言葉を入れ替えて言ってみてください。

1. How old [are you / is she] ?
   - 聞く
   - 別の言葉を入れて言ってみる

2. I think [I'm / she's] one year older than you are.

3. My [brother / sister] is not quite 25.

4. Mr. Pitt is still in his [thirties / forties], isn't he?

5. My [brother / friend Tom] is 2 years younger than I am.

6. How many people are there in [your family / your class] ?

継続して反復学習することで、自分のものになります。

258

7   There are [7 of us / 25] all together.

8   I'm the [oldest / youngest].

9   Guess how old [I am / my friend is].

10 I'd say you're [about / almost] 23. Am I right?

11 [I / My sister] just turned 24 last Friday.

12 [David is / You're] not 30 yet, [is he / are you]?

13 [I'm / My friend is] going to be 21 next Tuesday.

14 I'd say you're [about / close to] 21.

大きな声で繰り返しましょう。自分の声に耳を傾けてみてください。

Step 4 長い会話の練習
▶長い会話の中で、基本文を確認

■下線部分を英語でどう言うか考えながら、A、Bの役を順番にやってみてください。

状況1　同僚とお互いの年齢について話している。

A　Wow, you look great in that red shirt! You look so young.
B　Really? Thanks. By the way, 僕が何歳か、当てられる?
A　Let's see. 私が見たところ、あなたは26歳ぐらいじゃないかしら。
B　Well, I just turned 30 last week.
A　Really? 私はあなたより2つ上よ。
B　What about your sister? Is she still in her twenties?
A　Yes, she is. She is 3 years younger than me.

状況2　同僚とお互いの家族について話している。

A　Are you going home now, Fred?
B　Yes, I am. My family is celebrating my mom's birthday tonight.
A　Wow, great! ご家族は何人ですか?
B　There are 12 of us all together.
A　You're from a big family. うちは5人だけよ。
B　I see. How many brothers and sisters do you have?
A　I have one older brother and one younger sister. 兄は私より5つ上なの。

● celebrate　〜を祝う

Answer ⟶ 状況1　can you guess how old I am? / I'd say you're about 26 years old. / I am 2 years older than you are.
　　　　　状況2　How many people are there in your family? / There are only 5 of us in my family. / My brother is 5 years older than I am.

状況によってどのように使われる表現か、覚えておくことが大切です。

学習の成果をチェックしよう

■ 以下の日本語を見て、0.5 秒以内に英語で言ってみましょう。

196	おいくつですか？
197	私は 21 歳です。
198	弟（兄）はまだ 25 歳になっていません。
199	ジョンはまだ 45 歳になっていませんよね？
200	スミスさんはまだ 50 代です。
201	私はあなたより 2 つ上です。
202	弟は私より 2 つ下です。
203	ご家族は何人ですか？
204	うちは全部で 7 人です。
205	姉が一番年上です。
206	私が一番年下です。
207	私が何歳か、当ててください。
208	私が見たところ、あなたは 23 歳くらいでしょう。
209	私はこの前の誕生日で 30 歳になりました。
210	私は来週の火曜日で 21 歳になります。

- 合格！　0.5 秒以内に英語で言えたら、合格！
- もう少し！　5 秒以上かかる場合は、0.5 秒以内を目指して Step 1〜3 を繰り返してください。
- がんばろう！　正しい英語が出てこなかったら、Step 1〜4 を何度か繰り返してください。

これで、210 の基本文があなたのものになりました！

Step 1 リエゾン(連音)と区切り読みの練習
▶発音に注意しながら基本文をリピートする

B1_Training 1_Day 15

■次の文を、音声の後に続けてリピートしてください。

211	What time do you get up every day?
212	I usually wake up early.
213	I get up at six o'clock every day.
214	My brother gets up later than I do.
215	After I get dressed, / I have breakfast.
216	Usually, / I have a big breakfast.
217	I have juice, / cereal, / toast, / and coffee for breakfast.
218	I leave the house at eight a.m. each day.
219	I get to work at nine o'clock every morning.
220	I work out in the morning.
221	I go out for lunch at about twelve thirty.
222	I finish working at five forty-five p.m.
223	I eat dinner at about seven o'clock.
224	Before I eat dinner, / I read the newspaper for a while.
225	I usually go to bed at about midnight.

英語は反復学習が大切です。

Step 2 短い会話の練習
▶問答形式で基本文を反復学習

■下の日本語に該当する英語を、左ページの 211〜225 の文から探し、英語音声の後に続けてリピートしてください。

1 A What time do you usually get up every day?
   B I usually 目が覚めます early.[212] I get up at 6 o'clock.

2 A Do you have a big breakfast?
   B Yes, I do. 普段, I have a big breakfast.[216]

3 A What do you usually have for breakfast?
   B I have juice, cereal, toast, and coffee 朝食に.[217]

4 A What time do you leave your house in the morning?
   B I leave the house at around 8 a.m. 毎日.[218]

5 A Do you work out at all?
   B Yes, I do. I 運動します in the morning.[220]

6 A What time do you have lunch each day?
   B I 出かけます for lunch at about 12:30.[221]

7 A What time do you have dinner?
   B I 夕飯を食べます at about 7 o'clock.[223]

● at all （疑問文で）少しでも

Answer ⇢ 1 wake up / 2 Usually / 3 for breakfast / 4 each day / 5 work out / 6 go out / 7 eat dinner

勉強は他人がお膳立てしてくれるものではありません。

Step 3 | パターン学習
▶実際の状況で話せるように、基本パターンで繰り返す

■英語音声を聞いたあとに、言葉を入れ替えて言ってみてください。

1. What time [do you / does she] get up every day? 🔊 ········> (聞く)
   🔊 ········> (別の言葉を入れて言ってみる)

2. I usually [get up / eat dinner / get to work] early. Do you?

3. After [I get / he gets] dressed, [I have / he has] breakfast.

4. Usually, I have a [big / very light] breakfast each morning.

5. My brother leaves the house [later / much earlier] than I do.

6. [I get / My boss gets] to work at 9 o'clock every morning.

継続して反復学習することで、自分のものになります。

7   I finish [working / having dinner] at 5:45 p.m.
    What time do you finish [working / having dinner]?

8   Before I eat dinner, I [read the newspaper / watch TV] for a while.

9   [After / Before / When] I eat breakfast, I read the newspaper.

10 I [often / sometimes / usually] have a big breakfast.

11 Do you [work out / take a walk] at all?

12 Yes, I do. I [work out / take a walk] in the morning.

13 What time [do you / does he] usually go to bed?

14 I usually go to bed at about [midnight / 10].

•take a walk　散歩する

大きな声で繰り返しましょう。自分の声に耳を傾けてみてください。

Step 4 長い会話の練習
▶ 長い会話の中で、基本文を確認

■ 下線部分を英語でどう言うか考えながら、A、Bの役を順番にやってみてください。

状況1 出勤途中に同じ町内の人と偶然会って話している。

A　John, do you work out at all?
B　Well, 僕は朝、運動してます.
A　Really? 朝は何時に起きるんですか？
B　I wake up early at around 5:30, but I usually get up at 6. What about you?
A　Well, 私は6時前に起きます.
B　What time do you go for a run?
A　I sometimes run at 7, but mostly right after I get up at 6.
B　Good. I usually run at 7. How about we meet at 7 and run together?

状況2 近所の人と、仕事が終わったあとの過ごし方について話している。

A　What time do you finish working?
B　私は夜7時に仕事を終えます。
A　What do you do after you finish working?
B　私は8時半頃に夕飯を食べます。
A　What do you usually do after dinner?
B　私はしばらく新聞を読みます。
A　Me too. Then what time do you go to bed?
B　I usually go to bed at about 11.

Answer ⟶　状況1　I work out in the morning. / What time do you get up in the morning?/ I get up before 6.
　　　　　状況2　I finish working at 7 p.m. / I eat dinner at about 8:30. / I read the newspaper for a while.

状況によってどのように使われる表現か、覚えておくことが大切です。

学習の成果をチェックしよう

■以下の日本語を見て、0.5秒以内に英語で言ってみましょう。

211	あなたは毎日何時に起きますか？
212	普段は早く目が覚めます。
213	私は毎日6時に起きます。
214	弟(兄)は私より遅く起きます。
215	私は着替えたあとに朝食をとります。
216	普段、私は朝食をたっぷりとります。
217	朝食にはジュース、シリアル、トーストとコーヒーをとります。
218	私は毎日、午前8時に家を出ます。
219	私は毎朝9時に仕事場に着きます。
220	私は朝、運動します。
221	私は12時30分頃にお昼を食べに出ます。
222	私は午後5時45分に仕事を終えます。
223	私は7時頃、夕飯を食べます。
224	私は夕飯を食べる前に、しばらく新聞を読みます。
225	私は普段、夜12時頃寝ます。

☺ 合格！　　0.5秒以内に英語で言えたら、合格！
😐 もう少し！　5秒以上かかる場合は、0.5秒以内を目指してStep 1〜3を繰り返してください。
☹ がんばろう！　正しい英語が出てこなかったら、Step 1〜4を何度か繰り返してください。

これで、225の基本文があなたのものになりました！

Step 1 リエゾン（連音）と区切り読みの練習
▶発音に注意しながら基本文をリピートする

🔊 B1_Training 1_Day 16

■次の文を、音声の後に続けてリピートしてください。

226	What time did you get up / yesterday morning?
227	I woke up early / and got up at six o'clock.
228	My brother got up earlier than I did.
229	Did you get dressed right away?
230	Yes, / I got dressed / and had breakfast.
231	What kind of breakfast did you have?
232	What time did you get to work / yesterday morning?
233	I left the house at eight o'clock / and got to work at eight thirty.
234	Did you work all day?
235	Yes, / I worked from early morning until late at night.
236	At noon / I had lunch with a friend of mine.
237	I finished working at five thirty / and went home.
238	After dinner / I checked my email / and read a book.
239	I went to bed at eleven thirty p.m.
240	I fell asleep immediately.

英語は反復学習が大切です。

Step 2 短い会話の練習
▶問答形式で基本文を反復学習

■下の日本語に該当する英語を、左ページの 226〜240 の文から探し、英語音声の後に続けてリピートしてください。

1　A　What time did you get up yesterday morning, John? (リピートする)
　　B　I woke up 早く and got up at 6 o'clock.[227] ········> (リピートする)

2　A　Did you get up early yesterday morning, Liz?
　　B　Yes. But my brother 起きました earlier than I did.[228]

3　A　What time did you leave the house yesterday morning?
　　B　I 家を出ました at about 8 o'clock and 職場に着きました at 8:30.[233]

4　A　Did you work all day yesterday, Bill?
　　B　Yes, I did. I worked from 朝早く until late at night.[235]

5　A　What time did you go out for lunch yesterday?
　　B　正午に I had lunch with a friend of mine.[236]

6　A　What did you do after dinner last night?
　　B　夕食のあと I checked my email and read a book.[238]

7　A　Did you go to bed early last night?
　　B　Yes, I was so tired that I fell asleep すぐに.[240]

●tired 疲れた

Answer ····> 1 early / 2 got up / 3 left the house, got to work / 4 early morning / 5 At noon /
6 After dinner / 7 immediately

勉強は他人がお膳立てしてくれるものではありません。

Step 3 | パターン学習
▶実際の状況で話せるように、基本パターンで繰り返す

■英語音声を聞いたあとに、言葉を入れ替えて言ってみてください。

1. I [woke up early / had breakfast at 7 o'clock] and got dressed right away.

2. You [woke up / got to work] early yesterday, didn't you?

3. What kind of [breakfast / lunch / dinner] did you have yesterday?

4. What time did you [get to school / get home] yesterday? Was it late?

5. [We / She / Harry] left the house at 8 o'clock and got to work at 8:30.

6. Did you work [all day / all morning] yesterday, Mr. Simpson?

継続して反復学習することで、自分のものになります。

7 Did you [get dressed / work out] right away when you woke up?

8 At noon I had lunch with [a friend of mine / my co-workers].

9 I finished working at 5:30 and went [home / home with a friend of mine].

10 After dinner I [checked my email and read a magazine / watched television].

11 I went to bed [at about / after] 11:30 last night.

12 Did you go to sleep [immediately / late] last night, Bill?

13 After [work / school] I went [home for dinner / to a bookstore to buy some books].

14 I read a book [for a while / until late at night].

●co-worker 同僚 / magazine 雑誌 / bookstore 書店

大きな声で繰り返しましょう。自分の声に耳を傾けてみてください。

271

Step 4 長い会話の練習
▶長い会話の中で、基本文を確認

■下線部分を英語でどう言うか考えながら、A、Bの役を順番にやってみてください。

状況 1　遅刻常習犯のジョンと同僚の会話。

A　Hi, John. You were on time for the meeting today, weren't you?
B　Yes, I was. 今朝は家を早く出たんだ。
A　What time did you leave your house?
B　8時頃に家を出たよ。
　　I usually leave the house before 8:30.
A　What time did you get up?
B　早く目覚めて、7時に起きたよ。
A　Good for you!

状況 2　忙しい友人が、仕事を家に持ち帰った話をしている。

A　昨日は一日中仕事をしたの？
B　Yes, I did. 朝早くから夜遅くまで働いたよ。
A　What about lunch? Did you have lunch?
B　Yes, 昨日は友達とお昼を食べたんだ.
A　What time did you go home?
B　6時に家に帰ったよ。
A　What did you do after dinner last night?
B　夕食のあとにメールをチェックして、11時まで仕事をしたよ。

Answer ⟶　状況1　I left the house early this morning. / I left the house at around 8. / I woke up early and got up at 7.
　　　　　状況2　Did you work all day yesterday? / I worked from early morning until late at night. / I had lunch with a friend of mine yesterday. / I went home at 6 o'clock. / After dinner I checked my email and worked until 11.

状況によってどのように使われる表現か、覚えておくことが大切です。

学習の成果をチェックしよう

■以下の日本語を見て、0.5秒以内に英語で言ってみましょう。

226	昨日の朝は何時に起きましたか？
227	早く目が覚めて、6時に起きました。
228	弟（兄）は私より早く起きました。
229	あなたはすぐに服を着ましたか？
230	はい、服を着て朝食をとりました。
231	あなたはどんな朝食をとりましたか？
232	昨日の朝は何時に職場に着きましたか？
233	8時に家を出て、8時30分に職場に着きました。
234	一日中仕事をしたのですか？
235	はい、朝早くから夜遅くまで働きました。
236	正午に友達と昼食をとりました。
237	私は5時30分に仕事を終えて帰宅しました。
238	夕食のあとにメールをチェックして本を読みました。
239	私は夜11時30分に寝ました。
240	私はすぐに眠ってしまいました。

- 合格！　　0.5秒以内に英語で言えたら、合格！
- もう少し！　5秒以上かかる場合は、0.5秒以内を目指してStep 1〜3を繰り返してください。
- がんばろう！　正しい英語が出てこなかったら、Step 1〜4を何度か繰り返してください。

これで、240の基本文があなたのものになりました！

Step 1 リエゾン（連音）と区切り読みの練習
▶ 発音に注意しながら基本文をリピートする

🔊 B1_Training 1_Day 17

■次の文を、音声の後に続けてリピートしてください。

241	Where did you go yesterday? 🔊 ··········> (リピートする)
242	I went to see a friend of mine.
243	Did you see Mr. Jones yesterday?
244	I didn't see Mr. Jones, / but I saw Matthew Smith.
245	What did you talk about?
246	We talked about a lot of things.
247	I asked him a lot of questions.
248	What did you ask him?
249	I asked him / if he spoke English.
250	He said / he spoke a little English.
251	I asked him / if he knew anybody in New York.
252	What did he say?
253	He said / he knew a few people there.
254	Finally, / I asked him / how old he was.
255	He said / he would rather not tell his age.

英語は反復学習が大切です。

Step 2 | 短い会話の練習
▶問答形式で基本文を反復学習

■下の日本語に該当する英語を、左ページの241〜255の文から探し、英語音声の後に続けてリピートしてください。

1 A Hello, Paul. Where did you go yesterday afternoon?
　B I went to see 友だちのひとり.[242] ………▷ リピートする

2 A Did you 会う Mr. Jones yesterday, Liz?[243]
　B No, I didn't. I didn't see Mr. Jones, but I saw Matthew Smith.

3 A Did you talk with Mr. Jackson yesterday afternoon?
　B Yes, I did. I たずねました him a lot of questions.[247]

4 A What did you ask Mr. Jackson, John?
　B Oh, I asked him 彼が英語を話せるかどうか.[249]

5 A What did you talk about?
　B I asked him if he knew 誰か in New York.[251]

6 A What did he say?
　B He said he knew 少数の people there.[253]

7 A Did you ask Mr. Brown how old he was?
　B Yes, I did. He said he あまり言いたくない his age.[255]

Answer → 1 a friend of mine / 2 see / 3 asked / 4 if he spoke English / 5 anybody / 6 a few / 7 would rather not tell

勉強は他人がお膳立てしてくれるものではありません。

Step 3 パターン学習
▶実際の状況で話せるように、基本パターンで繰り返す

■英語音声を聞いたあとに、言葉を入れ替えて言ってみてください。

1. Hello, Bill. Where did you go yesterday? / last night

2. I went to see a friend of mine yesterday afternoon / morning.

3. Did you / he see Mr. Jones yesterday morning?

4. I didn't see Mr. Jones, but I saw Matthew Smith / my friend Matthew.

5. What did you talk about? What did she say about me / my work?

6. We talked about a lot of things. She said you were nice / it was great.

継続して反復学習することで、自分のものになります。

7   Last night I asked [him / her] a lot of questions.

8   I asked him if he [spoke English / wanted a cup of coffee]. He said he did.

9   He said he would rather have [a cup of tea / a light breakfast].

10 I asked [him / Jason] if he knew anybody in New York. He said he did.

11 What did [he / you] say?

12 He didn't say how old [he / John Smith] was, did he?

13 Did you ask him if he knew anybody in [London / Paris]?

14 He said he [would rather not / didn't want to] answer my questions.

大きな声で繰り返しましょう。自分の声に耳を傾けてみてください。

Day 17

Step 4 | 長い会話の練習
▶長い会話の中で、基本文を確認

■下線部分を英語でどう言うか考えながら、A、Bの役を順番にやってみてください。

状況1 インターネット新聞の記者が、前日の取材について話している。

A 昨日、あなたはどこに行ったんですか, Brian?
　 Did you see Matthew Smith?
B Yes, I did. 昨日の午後、彼に会いました。
A What did you talk about?
B We talked about a lot of things.
　 And 僕は彼にたくさん質問をしました.
A What did you ask him?
B I asked him if he knew anybody in New York.
A 彼は何と言いました？
B He said he had friends there.

状況2 近所に引っ越してきたハリーという人について話している。

A Would you like a cup of coffee, Diane?
B お茶にしていただけますか, if you don't mind.
A Fine. By the way, ハリーに会いました?
B Yes. 私は彼に、英語をいくらか話せるかたずねました.
A What did he say?
B Well, he said he spoke a little English.
A Great. Did you ask him how old he was?
B I did, but 彼は、自分の年齢はあまり言いたくないと言ってました.

Answer → 状況1　Where did you go yesterday / I saw him yesterday afternoon. /
　　　　　　　I asked him a lot of questions. / What did he say?
　　　　状況2　I'd rather have a cup of tea / did you see Harry? / I asked him if he spoke any English. /
　　　　　　　he said he would rather not tell his age.

状況によってどのように使われる表現か、覚えておくことが大切です。

学習の成果をチェックしよう

■以下の日本語を見て、0.5秒以内に英語で言ってみましょう。

241	昨日はどこへ行きましたか？
242	友達に会いに行きました。
243	昨日はジョーンズさんに会いましたか？
244	ジョーンズさんには会いませんでしたが、マシュー・スミスには会いました。
245	何の話をしたのですか？
246	私たちはいろんなことを話しました。
247	私は彼にたくさんの質問をしました。
248	あなたは彼に何をたずねたのですか？
249	私は彼に、英語が話せるかどうかたずねました。
250	彼は、英語を少し話せると言いました。
251	彼に、ニューヨークに誰か知り合いがいないか、たずねました。
252	彼は何と言いましたか？
253	彼は、向こうに何人か知り合いがいると言っていました。
254	最後に、私は彼に何歳かたずねました。
255	彼は、自分の年齢はあまり言いたくないと言いました。

- 合格！　　0.5秒以内に英語で言えたら、合格！
- もう少し！　5秒以上かかる場合は、0.5秒以内を目指してStep 1〜3を繰り返してください。
- がんばろう！　正しい英語が出てこなかったら、Step 1〜4を何度か繰り返してください。

これで、255の基本文があなたのものになりました！

Step 1 リエゾン(連音)と区切り読みの練習
▶発音に注意しながら基本文をリピートする

🔊 B1_Training 1_Day 18

■次の文を、音声の後に続けてリピートしてください。

256 What time / did you use to get up / last year? 🔊 (リピートする)
257 I used to wake up early / and get up at seven o'clock.
258 I usually went to bed early / and never woke up late.
259 I would take a walk in the morning / at the same time every day.
260 I would always leave for work / at exactly eight thirty.
261 When would you usually / get to work?
262 I would usually arrive at work / before nine.
263 I was never late for work.
264 I worked until nearly seven p.m. / each day.
265 Where did you use to go / for summer vacation?
266 I used to visit my aunt's house / every summer.
267 My brother and I used to hang out together.
268 I had a lot of interesting friends.
269 They used to go to the movies / about once a week.
270 I ate pizza for lunch / almost every day.

英語は反復学習が大切です。

Step 2 | 短い会話の練習
▶ 問答形式で基本文を反復学習

■ 下の日本語に該当する英語を、左ページの 256〜270 の文から探し、英語音声の後に続けてリピートしてください。

1. A What time did you 起きていた last year?[256]
   B I used to wake up early and get up at 7 o'clock.

2. A Would you get to work on time?
   B Yes. I was 仕事に遅刻したことがない.[263]

3. A What did you do in the morning?
   B I would take a walk early in the morning 毎日同じ時間に.[259]

4. A When did you usually get to work?
   B I would usually 職場に着く before 9.[262]

5. A Where did you use to go for summer vacation?
   B I used to visit my aunt's house 毎年夏に.[266]

6. A Were you close to your brother?
   B Yes, my brother and I used to ブラブラして過ごす together.[267]

7. A Did you have many friends?
   B Yes. I had a lot of 面白い friends.[268]

● close 仲がいい

Answer → 1 use to get up / 2 never late for work / 3 at the same time every day / 4 arrive at work / 5 every summer / 6 hang out / 7 interesting

勉強は他人がお膳立てしてくれるものではありません。

281

Step 3 パターン学習
▶実際の状況で話せるように、基本パターンで繰り返す

■英語音声を聞いたあとに、言葉を入れ替えて言ってみてください。

1. What time did you use to get up | last year / five years ago | ?

2. | I / Kelly | used to wake up early and get up at 7 o'clock.

3. I | usually / sometimes | went to bed early.

4. I would | take a walk in the morning / watch TV in the evening | at the same time every day.

5. I would leave for work at exactly | 8:30 / 7 |.

6. I would usually arrive at work | before / after | 9.

継続して反復学習することで、自分のものになります。

7   I was never late for [work / class].

8   I worked until [nearly / after] 7 p.m. each day.

9   Where did you use to go for [summer / winter] vacation?

10 I used to visit my [aunt's house / grandmother's house] every summer.

11 My brother and I used to [hang out / play] together.

12 I had [a lot of / a few] interesting friends.

13 They used to go to the movies about [once a week / once a month].

14 I used to eat [pizza for lunch / cereal for breakfast] almost every day.

● almost　ほとんど

大きな声で繰り返しましょう。自分の声に耳を傾けてみてください。

Step 4 | 長い会話の練習
▶ 長い会話の中で、基本文を確認

■ 下線部分を英語でどう言うか考えながら、A、Bの役を順番にやってみてください。

状況 1　職場で前の年の生活習慣について話している。

A　I'm getting old. I get up late in the morning.
B　What time did you use to get up last year?
A　朝早く目覚めて、7時には起きていたよ。
B　Did you go to bed early?
A　たいてい早く寝て、寝坊なんて絶対しなかったね。
B　I see. Did you get to work on time?
A　Yes, I did. いつも 8 時 30 分きっかりに、仕事に出かけていたよ。 And I worked until nearly 7 p.m. each day.

状況 2　新しく近所になった人と、趣味や前住んでいた場所について話している。

A　You used to go to the movies a lot, didn't you?
B　Yes, I did. 私は週一くらいで行っていました。
A　お友達と一緒に映画を見に行っていたんですか？
B　Yes, I did. We used to have so much fun together.
A　Where did you use to live before you moved here?
B　私たちは 3 月までアトランタに住んでいました。
A　Did you use to work before you got married?
B　Yes, I did. I used to work as a nurse.

● have fun　楽しく過ごす

Answer ⟶　状況 1　I used to wake up early and get up at 7 o'clock. / I usually went to bed early and never woke up late. / I always left for work at exactly 8:30.
　　　　　状況 2　I used to go about once a week. / Did you use to go to the movies with your friends? / We used to live in Atlanta until March.

状況によってどのように使われる表現か、覚えておくことが大切です。

学習の成果をチェックしよう

■以下の日本語を見て、0.5秒以内に英語で言ってみましょう。

256	去年は何時に起きていましたか？
257	早くに目が覚めて、7時に起きていました。
258	たいてい早く寝て、寝坊は決してしませんでした。
259	毎朝、同じ時間に散歩をしたものでした。
260	いつもきっかり8時30分に仕事に出かけていました。
261	普段は会社にいつ（何時に）着いていましたか？
262	私は普段、9時前に職場に着いていました。
263	私は仕事に遅刻したことはありませんでした。
264	私は毎日、夜7時近くまで仕事をしていました。
265	夏休みはどこに行っていましたか？
266	毎年夏に、おばの家に行っていました。
267	弟（兄）と私はよく一緒にブラブラと過ごしたものです。
268	私は、面白い友達がたくさんいました。
269	彼らは、週一ぐらいで映画を見に行っていました。
270	私はほとんど毎日、お昼にピザを食べていました。

- 😊 合格！　0.5秒以内に英語で言えたら、合格！
- 😐 もう少し！　5秒以上かかる場合は、0.5秒以内を目指してStep 1〜3を繰り返してください。
- 😟 がんばろう！　正しい英語が出てこなかったら、Step 1〜4を何度か繰り返してください。

これで、270の基本文があなたのものになりました！

Step 1 リエゾン（連音）と区切り読みの練習
▶発音に注意しながら基本文をリピートする

B1_Training 1_Day 19

■次の文を、音声の後に続けてリピートしてください。

271	Where do you live?
272	I live on Riverside Street.
273	What's your address?
274	I live at Highland Apartment on Riverside Street.
275	I live next door to Jack.
276	Do you live near here?
277	I'm from out of town.
278	How long have you lived here?
279	I've lived here for five years.
280	I've known her / since high school.
281	I've studied English / all my life.
282	I've already read that book.
283	Have you studied English for very long?
284	Have you had breakfast already?
285	Yes, / I had breakfast / two hours ago.

英語は反復学習が大切です。

Step 2 | 短い会話の練習
▶ 問答形式で基本文を反復学習

■ 下の日本語に該当する英語を、左ページの271〜285の文から探し、英語音声の後に続けてリピートしてください。

1 A Where do you live, Harry?
   B I live on Sunset Street. I live 隣に to Jack.[275]

2 A Do you live 近くに here?[276]
   B Yes, I do. I live in Highland Apartment on Riverside Street.

3 A どれくらいの期間 have you lived here, Henry?[278]
   B I've lived here for about 5 years.

4 A How long have you studied English?
      Have you 勉強した English for very long?[283]
   B Yes, I've studied English all my life.

5 A Do you want to read this book?
   B I've すでに read that book.[282]

6 A Have you had breakfast already?
   B Yes, I have. I had breakfast 2時間前に.[285]

7 A How long have you known Kelly Jones?
   B I've known her 高校のときから.[280]

Answer → 1 next door / 2 near / 3 How long / 4 studied / 5 already / 6 2 hours ago / 7 since high school

勉強は他人がお膳立てしてくれるものではありません。

Step 3 | パターン学習
▶実際の状況で話せるように、基本パターンで繰り返す

■英語音声を聞いたあとに、言葉を入れ替えて言ってみてください。

1. Where [do you / does she] live? [Do you / Does she] live near here? 🔊 ……→ 聞く
   🔊 ……→ 別の言葉を入れて言ってみる

2. What's your [address / mailing address / email address]?

3. [Do you / Does he] live near here?

4. I live next door to [Mr. Grey / Diane].

5. I'm from [out of town / another country]. I've lived here just a few days.

6. How long [have you / has Helen] lived here?

● another 別の

継続して反復学習することで、自分のものになります。

7 I've / Helen has lived here for 5 years.

8 I've studied English / French all my life. Have you?

9 I've already read that book / seen that show . I want to go to bed now.

10 It's still very early in the morning. Have you / they had breakfast already?

11 I had breakfast / came home 2 hours ago.

12 I've known him since high school / for 10 years .

13 I had breakfast already / early this morning .

14 I haven't had dinner / lunch yet.

大きな声で繰り返しましょう。自分の声に耳を傾けてみてください。

Step 4 | 長い会話の練習
▶長い会話の中で、基本文を確認

■下線部分を英語でどう言うか考えながら、A、Bの役を順番にやってみてください。

状況 1　友達のパーティーで会った相手と、家の近くで偶然会う。

A　Hi, Paul. この近くにお住まいですか？
B　Yes, I do, but I've lived here for only a few days. 僕は別の町の出身なんです。
A　Oh? Where do you live?
B　I live in Highland Apartment on Riverside Street.
A　Do you live near Mr. Willis?
B　Yes, I do. I live next door to Mr. Willis.
A　I see. ウィリスさんのことは、どれくらい前から知っているんですか？
B　I've known him since high school.

状況 2　朝、顔を合わせた同僚と英語の学習について話している。

A　By the way, もう朝食はとった？
B　Yes, I have. 朝食は 2 時間前にとったわ。
A　Wow, it's so early. What time did you get up this morning?
B　I got up at 6 o'clock.
A　You get up to study English, don't you?
B　Yes, I do. It's not that easy. これまでずっと英語を勉強してきたんだけど。
A　Well, you're doing fine. Just keep up the good work.
B　Thanks.

●keep up the good work　しっかり勉強を続ける

Answer → 状況 1　Do you live near here? / I'm from out of town. / How long have you known Mr. Willis?
状況 2　have you had breakfast already? / I had breakfast two hours ago. / I've studied English all my life.

状況によってどのように使われる表現か、覚えておくことが大切です。

学習の成果をチェックしよう

■以下の日本語を見て、0.5秒以内に英語で言ってみましょう。

271　どちらにお住まいですか？

272　私はリバーサイド通りに住んでいます。

273　住所はどちらですか？

274　私はリバーサイド通りのハイランドアパートに住んでいます。

275　私はジャックの隣に住んでいます。

276　この近くにお住まいですか？

277　私はよその町の出身です。

278　ここにどれくらい住んでいるのですか？

279　私はここに5年間住んでいます。

280　私は高校のときから彼女を知っています。

281　私はこれまでずっと英語を勉強してきました。

282　私は、その本はもう読みました。

283　ずいぶん長い間、英語を勉強しているのですか？

284　朝食はもうとりましたか？

285　はい、2時間前に朝食をとりました。

合格！　　0.5秒以内に英語で言えたら、合格！

もう少し！　5秒以上かかる場合は、0.5秒以内を目指してStep 1〜3を繰り返してください。

がんばろう！　正しい英語が出てこなかったら、Step 1〜4を何度か繰り返してください。

これで、285の基本文があなたのものになりました！

Step 1 リエゾン(連音)と区切り読みの練習
▶発音に注意しながら基本文をリピートする

B1_Training 1_Day 20

■次の文を、音声の後に続けてリピートしてください。

286 Where were you going when I saw you at the mall?
287 Where were you / yesterday afternoon?
288 I was at home / all afternoon.
289 I was writing some emails to friends of mine.
290 What were you doing at about four o'clock yesterday afternoon?
291 I was watching TV.
292 Were you doing your homework / when I called you yesterday?
293 When you called me, / I was eating dinner.
294 When I saw Mr. Jones, / he was talking with Matthew Smith.
295 While you were writing an email, / I was reading a book.
296 Can you guess / what I was doing this morning?
297 I can't remember / what John was doing yesterday afternoon.
298 I forgot his address.
299 I forgot / what time he said he was going to come.
300 They called us / just as we were having dinner.

英語は反復学習が大切です。

Step 2 | 短い会話の練習
▶問答形式で基本文を反復学習

■ 下の日本語に該当する英語を、左ページの286〜300の文から探し、英語音声の後に続けてリピートしてください。

1　A　Where were you yesterday afternoon, Bill?
　　B　I was 家に all afternoon.[288]

2　A　Were you at home all day yesterday, Liz?
　　B　Yes, I was writing some emails to 私の友人たち.[289]

3　A　何を were you doing at about 4 p.m. yesterday?[290]
　　B　I was watching TV then.

4　A　Were you doing your homework when I 電話した you yesterday?[292]
　　B　No, when you called me, I was eating dinner.

5　A　What was Mr. Jones doing when you saw him?
　　B　When I 見かけた Mr. Jones, he was talking with John.[294]

6　A　What's Jack's address?
　　B　I 忘れました his address.[298]

7　A　What time did John say he was going to come?
　　B　I forgot what time he said 彼が来ると.[299]

Answer → 1 at home / 2 friends of mine / 3 What / 4 called / 5 saw / 6 forgot /
7 he was going to come

勉強は他人がお膳立てしてくれるものではありません。

Step 3 | パターン学習
▶実際の状況で話せるように、基本パターンで繰り返す

Day 20 過去にしたこと

■英語音声を聞いたあとに、言葉を入れ替えて言ってみてください。

1. Where [were you / was Bill] yesterday afternoon? 🔊 → 聞く
   🔊 → 別の言葉を入れて言ってみる

2. I was [at home / at school / at my office] all afternoon yesterday.

3. I was [writing some emails to / shopping with] friends of mine yesterday.

4. What were you [doing / studying] at about 4 o'clock yesterday?

5. I was watching [TV / a movie] then.

6. Were you [doing your homework / having dinner] when I called you yesterday?

継続して反復学習することで、自分のものになります。

7 When you called [me / her] yesterday, [I was eating dinner / she was just leaving the house].

8 When I saw Mr. Jones, he was [talking with Matthew Smith / going to work].

9 While you were writing an email, I was [talking on the phone / watching TV].

10 Where were you going when I saw you [at the mall / at the library]?

11 Can you guess [what I was doing / where I was going] this morning?

12 I can't remember what [he / she] was doing in my room.

13 I forgot what time he said he was going to [come / call].

14 Last Tuesday they called us just as we were [having dinner / getting up].

大きな声で繰り返しましょう。自分の声に耳を傾けてみてください。

Step 4 | 長い会話の練習
▶長い会話の中で、基本文を確認

■ 下線部分を英語でどう言うか考えながら、A、B の役を順番にやってみてください。

状況1　しばらく前に退職したグリーンさんについて話している。

A　昨日の午後はどこにいたの、ジョン？
B　I was at home all day yesterday.
　　I was writing emails most of the day.
A　I see. You know I saw Mr. Green yesterday at the mall.
B　Really? What was he doing when you saw him?
A　私が彼を見かけたとき、彼はサリバンさんと話をしていたわ。
B　I see. 僕が今朝何をしていたか、当てられる？
A　No, I can't. What were you doing this morning?
B　I was sleeping in. I thought it was Sunday!

　●sleep in 寝坊する

状況2　パーティーでジャックの電話番号を聞いている。

A　Liz, do you know Jack's phone number?
B　No, I don't. 彼の電話番号は忘れてしまった。I don't have my cell phone now.
A　Hmm, what time did he say he was going to come to the party?
B　Oh, 彼が何時に来ると言ったのか、忘れてしまったわ。
A　What were you doing when Jack called you last night?
B　メールを何通か書いていたの。

Answer ⇢　状況1　Where were you yesterday afternoon, John? / When I saw him, he was talking with Mr. Sullivan. / Can you guess what I was doing this morning?
　　　　　状況2　I forgot his phone number. / I forgot what time he said he was going to come. / I was writing some emails.

状況によってどのように使われる表現か、覚えておくことが大切です。

学習の成果をチェックしよう

■以下の日本語を見て、0.5秒以内に英語で言ってみましょう。

286　ショッピングモールでお会いしたとき、どこに行くところだったのですか？
287　昨日の午後、あなたはどこにいましたか？
288　私は、午後はずっと家にいました。
289　私は、友人たちにメールを何通か書いていました。
290　昨日の午後4時頃、あなたは何をしていましたか？
291　私はテレビを見ていました。
292　私が昨日電話したとき、あなたは宿題をしていたのですか？
293　あなたが電話してきたとき、私は夕飯を食べていました。
294　私がジョーンズさんを見かけたときには、
　　　彼（ジョーンズさん）はマシュー・スミスと話していました。
295　あなたがメールを書いている間、私は本を読んでいました。
296　私が今朝何をしていたか、当てられますか？
297　昨日の午後、ジョンが何をしていたのか思い出せません。
298　彼の住所を忘れてしまいました。
299　彼が何時に来ると言ったのか、忘れてしまいました。
300　ちょうど私たちが夕飯を食べているときに、彼らは電話してきました。

合格!　　0.5秒以内に英語で言えたら、合格！
もう少し!　5秒以上かかる場合は、0.5秒以内を目指してStep 1～3を繰り返してください。
がんばろう!　正しい英語が出てこなかったら、Step 1～4を何度か繰り返してください。

これで、300の基本文があなたのものになりました！

TRANSLATIONS | 日本語訳

Day 1

STEP 2

1. A こんにちは、ビル。お元気ですか？
   B 元気ですよ、おかげさまで。
2. A 今晩の気分はいかがですか？
   B とてもいいですよ、おかげさまで。
3. A （今日の）午後の気分はいかがですか？
   B なかなかいいですよ。あなたはお元気ですか？
4. A こんにちは。妹さん（お姉さん）はお元気ですか？
   B こんにちは、グリーンさん。彼女はとても元気ですよ、おかげさまで。
5. A 私はマシュー・スミスです。あなたはハリー・ジョーンズですか？
   B はい、そうです。
6. A おはようございます、ビル。ヘレンは元気ですか？
   B 彼女は元気ですよ、おかげさまで。
7. A さようなら、ヘレン。じゃあ、また明日。
   B さようなら、ブラウン夫人。

STEP 3

1. こんにちは、ジョン。お元気ですか？
   こんにちは、マーフィーさん。お元気ですか？
2. 元気ですよ、おかげさまで。
   とても元気ですよ、おかげさまで。
   まあ元気ですよ、おかげさまで。
3. 今朝の気分はいかがですか、ビル？
   今日の気分はいかがですか、ビル？
4. さようなら、ビル。じゃあ、また明日。
   さようなら、ビル。じゃあ、またあとで。
5. 私はマシュー・スミスです。
   私はブラウンです。
6. ヘレンは元気ですか？
   グリーンさんは元気ですか？
7. ヘレンはとても元気ですよ、おかげさまで。
   グリーンさんはとても元気ですよ、おかげさまで。
8. あなたはグリーンさんですか？
   あなたはブラッドですか？
9. はい、私がグリーンです。
   はい、私がブラッドです。

10. さようなら、ジョン。じゃあ、また明日。
    おやすみなさい、ジョン。じゃあ、また明日。
    さよなら、ジョン。じゃあ、また明日。
11. ビルとヘレンは元気ですか？
    ブラウン夫妻はお元気ですか？
12. ビルとヘレンはとても元気ですよ、おかげさまで。
    ブラウン夫妻はとても元気ですよ、おかげさまで。
    彼らはとても元気ですよ、おかげさまで。
13. こんばんは、マケインさん。お元気ですか？
    こんばんは、マケインさん。ヘレンは元気ですか？
14. さようなら、ビル。じゃあ、また明日。
    さようなら、リズ。じゃあ、また明日。

STEP 4

1. A やあ、ビル。
   B おはよう、ジョン。元気ですか？
   A 元気ですよ、おかげさまで。ヘレンは元気ですか？
   B 彼女はとても元気ですよ、おかげさまで。
   A さようなら、ビル。
   B さようなら、ジョン。
2. A こんばんは。
   B こんばんは。私はジャック・スミスです。
   A 私はハリー・ジョーンズです。お元気ですか？
   B とても元気ですよ、おかげさまで。あなたは？
   A おかげさまで元気です。

Day 2

STEP 2

1. A どうぞお入りください。
   B ありがとうございます。
2. A 分かりますか？
   B はい、分かります。
3. A 分かりますか？
   B いいえ、分かりません。
4. A 座ってください、ハリー。
   B ありがとう、ヘレン。
5. A 始める時間ですよ、ハリー。
   B はい、グリーン先生。

6　A　ドアを開けてください、ヘレン。
　　B　はい、グリーンさん。
7　A　始める時間ですか？
　　B　はい、それでは始めましょう。

STEP 3

1　どうぞお入りください。
　　立ってください。
2　画面を見てください。始める時間です。
　　書類を見てください。始める時間です。
3　ドアを開けないで、ビル。
　　ドアを閉めないで、ビル。
4　では、読んでください。
　　では、繰り返してください。
　　では、よく聞いてください。
5　始める時間です。急いでください。
　　始める時間です。本を出してください。
　　始める時間です。宿題を提出してください。
6　結構です。では、本を閉じてください。
　　とても上手です。では、本を閉じてください。
　　素晴らしいです。では、本を閉じてください。
7　繰り返さないでください。
　　中に入らないでください。
8　始める時間です。
　　終わりにする時間です。
9　それでは、始めましょう。
　　それでは、終わりにしましょう。
10　ミーティングを始める時間です。
　　授業を始める時間です。
11　本を開いてください。それでは、始めましょう。
　　ファイルを開いてください。それでは、始めましょう。
　　ノート（パソコン）を開いてください。それでは、始めましょう。
12　もう勉強する時間ですよ、グリーンさん。
　　もう出かける時間ですよ、グリーンさん。
13　本を開かないでください。もう出かける時間です。
　　辞書を開かないでください。もう出かける時間です。
　　ノート（パソコン）を開かないでください。もう出かける時間です。
14　もう打ち合わせを始める時間ですか、ブラウンさん？
　　もう授業を始める時間ですか、ブラウン先生？

STEP 4

1　A　おはようございます、スミス先生。お元気ですか？
　　B　おかげさまで元気ですよ、ハリー。どうぞ入ってください。
　　A　ありがとうございます。
　　B　座ってください、ハリー。
　　A　ええ。もう始める時間ですか？
　　B　はい。それでは、始めましょう。本を開いてください。
　　A　分かりました。
2　A　それでは、打ち合わせを始めましょう。ドアを閉めてください。
　　B　分かりました。
　　A　ありがとうございます。画面を見てください。
　　B　ええ。
　　A　このチャートは分かりますか？
　　B　はい、そのチャートはとてもよく分かります。
　　A　素晴らしい。では、このグラフは分かりますか？
　　B　いいえ、そのグラフは分かりません。私たちに説明してください。

Day 3

STEP 2

1　A　これは何ですか？
　　B　それは私の携帯電話です。
2　A　おはよう、リズ。これはあなたのノートパソコンですか？
　　B　いいえ、それは私のノートパソコンではありません。
3　A　これは誰の携帯電話ですか？
　　B　それは私の携帯電話ですよ、グリーンさん。
4　A　これはあなたの携帯電話ですか？
　　B　はい、それは私のです。普通の携帯電話です。
5　A　ドアはどこですか？
　　B　そこです。行って開けてください。
6　A　この携帯電話は彼のですか？
　　B　いいえ、違います。それは彼のではなく、私のです。

299

7　A　これは誰のブリーフケースですか？　あなたのですか？
　　B　はい、それは私のです。それを閉めてください。

STEP 3

1　これは何ですか？　ノートパソコンですか？
　　あれは何ですか？　ノートパソコンですか？
2　これはあなたの本ですか？　打ち合わせを始める時間です。
　　これはあなたのノートパソコンですか？　打ち合わせを始める時間です。
3　いいえ、それは私の本ではありません。
　　いいえ、それはあなたの本ではありません。
4　これは誰の携帯電話ですか？　あなたのですか？
　　これは誰のノートパソコンですか？　あなたのですか？
5　これは誰の辞書ですか？　私のですか？
　　これは誰の辞書ですか？　あなたのですか？
　　これは誰の辞書ですか？　私のですか、それともあなたのですか？
6　こんにちは、グリーンさん。あれはあなたの本ですか？
　　こんにちは、グリーンさん。あれはあなたの車ですか？
　　こんにちは、グリーンさん。あれはあなたの犬ですか？
7　あれは誰の車ですか？　あなたのですか？
　　あれは誰の犬ですか？　あなたのですか？
　　あれは誰のチケットですか？　あなたのですか？
8　もう出かける時間です。車はどこですか？
　　もう出かける時間です。タクシーはどこですか？
9　あそこにタクシーがいます。出かける時間です。
　　ここにタクシーがいます。出かける時間です。
10　ここにグリーンさんがいます。そしてあそこにマシュー・スミスがいます。
　　ここにグリーンさんがいます。そしてあそこにグリーン夫人がいます。
11　グリーンさんはここにいますが、ハリー・ジョーンズはどこですか？
　　グリーンさんはここにいますが、ジャクソンさんはどこですか？
12　あれは辞書ではありません。本です。私の本です。
　　あれは辞書ではありません。本です。あなたの本です。
　　あれは辞書ではありません。本です。彼の本です。
13　これは何ですか？　本ですか？
　　これは何ですか？　テーブルですか？
14　あそこにホワイトボードがあります。ドアはどこですか？
あそこに窓があります。ドアはどこですか？

STEP 4

1　A　これは誰のノートパソコンですか？　あなたのですか？
　　B　はい、それは私のです。あなたのはどこですか？
　　A　ここにあります。オーケー。では、始めましょう。
　　B　よかった。しかし、グリーンさんはどこですか？これは彼のブリーフケースですか？
　　A　はい、そうです。あ、そこに彼がいます。
　　B　どうぞ入って座ってください。
　　C　ありがとうございます。これは私のノートパソコンですか？
　　A　いいえ、違います。それは私のです。あなたのはここにあります。
2　A　こんばんは。お元気ですか、ブラウンさん？
　　B　おかげさまで、とても。あなたはお元気ですか？
　　A　とても元気ですよ。奥さんもお元気ですか？
　　B　元気でやっています、おかげさまで。打ち合わせを始める時間でしょうか？
　　A　ええ、そうです。お座りください。
　　B　ありがとう。椅子はどこですか？
　　A　ここに椅子があります。あ、そこに携帯電話がありますね。あれはあなたのですか？
　　B　いいえ、違います。私のはここにあります。

Day 4

STEP 2

1　A　それらは何ですか？
　　B　それらは本です。
2　A　これらはあなたのペンですか？
　　B　はい、私のです。
3　A　これらはあなたの本です、そうじゃありませんか？
　　B　はい、そうです。これらは私のものです。
4　A　これらは誰の本ですか？
　　B　それらは私のものです。それらは私の本で、それらは私のペンです。
5　A　あの犬たちはあなたのですよね？
　　B　いいえ、違います。
6　A　これらは誰の書類ですか？　私のではありません。

B それらの書類は私のです。
7 A 椅子や机はどこにありますか？
B そこにあります、あそこです。これらは私のもので、それらはあなたのものです。

STEP 3

1 これらは何ですか、ビル？ あなたのですか？
　それらは何ですか、ビル？ あなたのですか？
2 はい、そうです。それらの本は私のです。
　はい、そうです。それらのバッグは私のです。
　はい、そうです。それらのブリーフケースは私のです。
3 それらは誰のペンですか？ 私のペンはここにあります。
　それらは誰のペンですか？ 私のペンはあそこにあります。
4 それらはあなたの本ではないですよね？
　それらは私の本ではないですよね？
　それらは彼の本ではないですよね？
5 これらの本はあなたのものです。私のはどこですか？
　これらの本はあなたのものです。彼のはどこですか？
6 これは私のカバンではなく、それらは私の本ではありません。誰のものですか？
　これは私のノートパソコンではなく、それらは私の本ではありません。誰のものですか？
　これは私の電話ではなく、それらは私の本ではありません。誰のものですか？
7 あなたの本はここにあって、彼らの本はあそこにあります。
　私たちの本はここにあって、彼らの本はあそこにあります。
8 テーブルは見えますが、辞書はどこにありますか？
　テーブルは見えますが、カップはどこにありますか？
　テーブルは見えますが、椅子はどこにありますか？
9 ここに椅子があります。どうぞ入ってお座りください。あなたの本はここにあります。
　ここに椅子があります。どうぞ入ってお座りください。あなたの物はここにあります。
10 ここに本、鉛筆、紙があります。これらは誰のものですか？
　ここに本、鉛筆、ノートがあります。これらは誰のものですか？
11 おはよう、ビル。ここにあなたの椅子があります。
　おはよう、ビル。ここにあなたのテーブルがあります。

12 これらは何ですか？
　これらは誰のものですか？
13 これらは私のノートです。あなたのはどこにありますか？
　これらは私のペンです。あなたのはどこにありますか？
14 ここに私の物があります。
　そこに私の物があります。

STEP 4

1 A おはよう、ジャック。どうぞ入って座ってください。
　B おはよう、ピーター。プレゼンテーションを始める時間ですか？
　A ええ、そうです。
　B ありがとう。ここに椅子があります。座って、始めましょう。ファイルを開いて、ピーター。
　A オーケー。あれ、僕のペンが見つからない。
　B それらはあなたのペンですよね？
　A ああ、そうです。ありがとう。
2 A こんにちは、ヘレン。元気？
　B こんにちは、リズ。おかげさまでとても元気よ。
　A 会議を始める時間かしら？
　B ええ、そうよ。ここにあなたの本があるわ。
　A これらの本は、私のではないわ。
　B では、これらは誰の本かしら？
　A こっちは私ので、そっちはあなたのよ。
　B ええ。その通りね。

Day 5

STEP 2

1 A あなたは何の仕事をしていますか？
　B 私はマーケターです。私はサム・リーです。
2 A あそこにいる人は誰ですか？
　B 彼もマーケターです。彼はブラッド・マーフィーです。
3 A あの男性はここの学生ですか？
　B いいえ、違います。あの男性は先生です。
4 A あの女性は先生ではないですよね？
　B ええ、違います。そして、あの男性たちも先生ではありません。
5 A あそこにいる男性は先生ですよね？

301

B　はい、そうです。彼は私の先生です。
6　A　あの人たちは誰ですか？
　　B　私は知りません。たぶん彼らは警備員でしょう。
7　A　あの男性が誰か知っていますか？
　　B　私は本当に知らないんです。たぶん彼は教師でしょう。

STEP 3

1　私はあなたが誰か知っています。あなたは教師ですよね？
　私はあなたが誰か知っています。あなたはマーケターですよね？
2　いいえ、私は教師ではありません。私は医師です。
　いいえ、私は教師ではありません。私は看護師です。
3　あそこにいるあの男性は誰ですか？　ご存じですか？
　あそこにいるあの人たちは誰ですか？　ご存じですか？
4　彼は教師ではないですよね？
　彼は医師ではないですよね？
　彼は看護師ではないですよね？
5　あそこにいるあの人たちは誰ですか？　彼らは学生ではないのですか？
　あそこにいるあの人たちは誰ですか？　彼らは医師ではないのですか？
6　私は彼らが誰なのか、本当に知りません。
　私は彼らが誰なのか、実は知りません。
7　あの男性たちは教師ですよね？
　あの男性たちはマーケターですよね？
　あの男性たちは学生ですよね？
8　あそこにいるあの男性は誰ですか？　ご存じですか？
　あそこにいるあの若い女性は誰ですか？　ご存じですか？
9　私は彼女が誰なのか知りません。たぶん彼女は医師でしょう。
　私は彼女が誰なのか知りません。おそらく彼女は医師でしょう。
10　私は実はあの男性が誰なのか知りません。おそらくあなたは知っているでしょう。
　私は実はこの女性が誰なのか知りません。おそらくあなたは知っているでしょう。
11　あなたはあの女性が誰なのか知っていますよね？
　あなたはあの男性が誰なのか知っていますよね？
12　私は実はライス博士がどこにいるのか知りません。おそらくあなたは知っているでしょう。
　私は実はブラッドがどこにいるのか知りません。おそらくあなたは知っているでしょう。
　私は実はその学生たちがどこにいるのか知りません。おそらくあなたは知っているでしょう。
13　いいえ、彼は教授ではありません。
　いいえ、彼女は教授ではありません。
14　正直なところ、私は知りません。たぶん彼は教師でしょう。
　実は、私は知りません。たぶん彼は教師でしょう。

STEP 4

1　A　こんにちは、私はダニエル・フレッチャーです。
　B　こんにちは、ダニエル。私はジャック・スミスです。
　A　あなたはここの学生ですか、ジャック？
　B　いいえ、違います。私は教師です。あなたも教師ですよね？
　A　ええ、そうです。あそこにいるあの女性は誰ですか？
　B　私は彼女が誰か知りません。
　A　彼女は教師ですか、それとも学生ですか？
　B　正直なところ、私は知りません。彼女は教師かもしれないし、学生かもしれません。
2　A　あそこにいるあの若い男性は誰ですか？
　B　あれはライス先生です。あなたはライス先生をご存じですか？
　A　ええ、ライス先生は知っています。彼は私の友人です。あそこにいるあの人たちは誰ですか？彼らも医師ですか？
　B　いいえ、彼らは医師ではありません。彼らは看護師です。
　A　あそこにいるあの女性も看護師ですか？
　B　いいえ、違います。彼女はマーケターです。
　A　あそこにいるあの女性は、エンジニアではないですよね？
　B　ええ、違います。彼女は教師です。あれはブラウン先生です。

Day 6

STEP 2

1. A あなたのファーストネームはどうつづきますか？
   B ナタリー、N-A-T-A-L-I-Eです。
2. A お友達は何という名前ですか？
   B 彼の名前はポール・ジョンソンです。
3. A お友達の名前はデビッドですよね？
   B はい、デビッドと私は昔からの友達です。
4. A こちらはマイヤーズさんです。彼は私の上司です。
   B はじめまして、マイヤーズさん。
5. A ジョーンズ夫人、こちらはエリオット・キムさんです。彼は近所に住んでいます。
   B お会いできてとてもうれしいです、キムさん。
6. A お名前は？
   B 私の名前はハリソンです。
7. A あなたはジョンのお兄さん（弟さん）ですか？
   B いいえ、違います。私の兄（弟）の名前はヘンリーです。

STEP 3

1. 私の名前はジョンです。私は技術者です。
   私の名前はブラッドです。私はマーケターです。
2. あそこにいる若い男性が見えますか？ 彼のファーストネームは何ですか？
   あそこにいる若い男性が見えますか？ 彼の名字は何ですか？
3. 彼のファーストネームはボブです。彼はビルのお父さんです。
   彼の名字はジョンソンです。彼はビルのお父さんです。
4. こんにちは、私の名前はフィリップです。あなたのお名前は？
   こんにちは、私の名前はキヨンです。あなたのお名前は？
5. 始める時間です。あなたの名字は何ですか？
   始める時間です。彼の名字は何ですか？
   始める時間です。彼女の名字は何ですか？
6. あなたの名字はどうつづきますか？
   あなたのファーストネームはどうつづきますか？
7. 私は理解できません。あなたはジョンのお兄さん（弟さん）ですか？
   私は理解できません。あなたはジョンのお姉さん（妹さん）ですか？
   私は理解できません。あなたはジョンの奥さんですか？
8. 私はキム先生の姉（妹）です。あなたはキム先生を知っていますか？
   私はキム先生の同僚です。あなたはキム先生を知っていますか？
   私はキム先生の友人です。あなたはキム先生を知っていますか？
9. ジョンと私は昔からの友達です。あなたはジョンをどうして知ったのですか？
   ジョンと私は兄弟です。あなたはジョンをどうして知ったのですか？
10. 私はジョンの兄（弟）ではありません。私は彼の同僚です。
    私はジョンのいとこではありません。私は彼の兄（弟）です。
11. ジョーンズ夫人、こちらはマシュー・スミスさんです。
    ジョーンズ夫人、こちらが私の家族です。
12. はじめまして。お会いできてとてもうれしいです。
    はじめまして。お会いできてよかったです。
13. お会いできて光栄です、スミスさん。
    お会いできてうれしいです、スミスさん。
14. こんにちは、お会いできて光栄です。
    こんにちは、ご家族にお会いできて光栄です。

STEP 4

1. A お元気ですか？
   B 元気ですよ、おかげさまで。私の名前はポールです。私はマーケティング部で働いています。
   A ああ、そうですか。今日は私の初日なんです。私の名前はハリー・ジョーンズです。
   B ハリー、会えてとてもうれしいです。
   A こちらこそ、会えてすごくうれしいです。あなたの名字は何ですか？
   B 私の名字はキムです。
   A あなたの名字はどうつづるのですか？
   B キム、K-I-Mです。
2. A ブラッド、こちらはフィリップ。フィリップ、こちらがブラッドよ。
   B こんにちは、フィリップ。会えてうれしいよ。
   C 僕もお会いできてうれしいです。
   A ブラッドと私は昔からの友達なのよ。私たちは同じ高校に通っていたんです。そしてフィリップは

303

私の同僚よ。私たちは一緒に働いているの。
C そうですか。実は僕、この近くの高校に通っていたんです。
A 本当に？
B どの学校ですか？
C ブルックストーン高校。ここから2ブロックほどのところです。

Day 7

STEP 2

1 A 今日は何曜日ですか？
  B 今日は月曜日です。
2 A 昨日は何曜日でしたっけ？
  B よく分かりません。日曜日でしたっけ？
3 A 昨日は日曜日でしたよね？
  B はい、そうでした。
4 A 論文の期限はいつですか？
  B それは明日が期限です。
5 A あなたは8月にここにいましたか？
  B いいえ、いませんでした。私は2カ月間、町を離れていました。
6 A あなたは妹さん（お姉さん）にいつ会いましたか？
  B 彼女はこの街にいました。私は2日前に彼女に会いました。
7 A あなたは2月にここにいましたよね？
  B はい、いました。私は2週間前にここにいました。

STEP 3

1 今日は何曜日ですか？ ご存じですか？
  明日は何曜日ですか？ ご存じですか？
2 今日は月曜日です。
  明日は月曜日です。
3 今日は何曜日ですか？ 火曜日ですか？
  今日は何曜日ですか？ 木曜日ですか？
4 今は何月ですか？ 1月ですか？
  今は何月ですか？ 2月ですか？
5 私は本当に知りません。たぶん3月でしょう。
  私は本当に知りません。たぶん4月でしょう。
6 私の妻は数週間、入院していました。
  私の妻は数日間、入院していました。
7 私は2日前にトムに会いました。
  私は2週間前にトムに会いました。
8 私は5月に何日間か入院していました。
  私は6月に何日間か入院していました。
9 あなたは7月に入院されていましたよね？
  あなたは10月に入院されていましたよね？
10 いいえ、していません。私は8月に何日間か入院していました。
   いいえ、していません。私は11月に何日間か入院していました。
11 私の友人は数カ月間、入院していました。
   私の友人は数カ月間、ニューヨークにいました。
   私の友人は数カ月間、ワシントンDCにいました。
12 あなたの友人は1週間前にここにいましたよね？
   あなたの友人は1カ月前にここにいましたよね？
13 あなたは昨晩どこにいましたか？ ニューヨークにいましたか？
   あなたは1週間前どこにいましたか？ ニューヨークにいましたか？
14 私は数日間、ニューヨークにいました。
   彼女は数日間、ニューヨークにいました。
   私の友人たちは数日間、ニューヨークにいました。

STEP 4

1 A 今日は何曜日だっけ、ビル？
  B 今日は月曜日だよ。昨日は日曜日だったから、今日は月曜日だ。
  A 君は先月はどこにいたの？
  B 先月？ 先月は5月だったよね。僕は先月はここにいたよ。
  A 君は4月にニューヨークにいたんじゃないの？
  B いや、違う。僕は3カ月前にニューヨークにいたんだ。
  A ニューヨークにはどれくらいの期間いたの？
  B 向こうに8日間いたよ。
2 A 今日は何曜日だっけ、リック？
  B 今日は月曜日だよ。
  A あなたは昨日、どこにいたの？
  B 病院に行ってたんだ。妻が何週間か入院してたんだよ。
  A それは大変。彼女は今はどう？
  B （彼女は）今は、前よりよくなったよ。ありがとう。
  A あなたは何日間かワシントンDCにいたんじゃな

いの？
B うん、いたよ。12月に2、3週間ワシントンDCにいたんだ。

Day 8

STEP 2

1. A あなたはチケットを持っていますよね？
   B いいえ、持っていません。
2. A あなたは毛布を持っていますか？
   B はい、持っています。
3. A ごきょうだいは何人ですか？
   B 姉妹が3人と兄弟が2人います。
4. A ジョン、私の帽子を持っていませんか？
   B ええ、ハリー。あなたの帽子もコートも、両方持っています。
5. A ジョンはペットを飼っていますか？
   B はい、飼っています。彼は犬を1匹飼っています。
6. A このカメラはあなたのですか？
   B はい、そうだと思います。
7. A 彼は犬を飼っていますよね？
   B いいえ、彼は飼っていませんよ。

STEP 3

1. あなたは本を持っていますか？
   私たちはプロジェクターを持っていましたっけ？
2. あなたはカメラを持っていますよね？
   お宅は大家族ですよね？
3. 私はテレビを持っていません。携帯電話も持っていません。
   私はテレビを持っていません。ノートパソコンも持っていません。
4. この携帯電話はあなたのですか？
   このパスポートはあなたのですか？
5. はい、そうです。その携帯電話は私のです。
   はい、そうです。そのパスポートは私のです。
6. はい、そうだと思います。その携帯電話は私のだと思います。
   はい、そうだと思います。その携帯電話は確か私のだと思います。
7. それはジョンのカバンだと思います。ジョンは黄色いカバンを持っていますか？
   それはジョンのカバンだと思います。ジョンは青いカバンを持っていますか？
8. ごきょうだいは何人ですか？
   おばさんやおじさんは何人いますか？
9. いいえ、彼は自動車は持っていません。
   いいえ、彼は猫は飼っていません。
10. これは誰のコートですか？　このコートはあなたのですか？
    これは誰のコートですか？　このコートはジャクソンさんのですか？
11. 私のコートは誰が持っていますか？　私のコートは茶色です。
    私のコートは誰が持っていますか？　私のコートは黒です。
12. ヘレンはあなたの携帯電話を持っていません。彼女はあなたの本も持っていません。
    彼女はあなたの携帯電話を持っていません。彼女はあなたの本も持っていません。
13. あなたは本を何冊持っていますか？　ご存じですか？
    彼は本を何冊持っていますか？　あなたはご存じですか？
14. 本当に知りません。私は自分が本を何冊持っているのか知りません。
    本当に知りません。私は自分がノートを何冊持っているのか知りません。

STEP 4

1. A メラニー、君は携帯電話を持っている？
   B ええ、持ってるわよ。でも、私の携帯電話が今どこにあるのか、分からないの。
   A こっちに携帯電話が1台あるよ。この携帯電話は君の？
   B いいえ、違うわ。それは私のじゃない。
   A これは誰のだろう？
   B 誰のものか分からないわ。
   A 君はノートパソコンを持っているよね？
   B いいえ、私はノートパソコンも持っていないわ。
2. A 私のコートと帽子はどこにあるの？　ハリー、私のコートを持っていない？
   B 君のコートも帽子も、僕が両方持っているよ。
   A ああ、よかった。ありがとう。サリーはコートを持っているのかしら？

305

B いや、彼女は持っていない。
A そう、あなたはコートを持っているわよね？
B うん、持っているよ。

Day 9

STEP 2

1. A （今）何時ですか？
   B 2時です。出かける時間ですか？
2. A （今）4時ですよね？
   B まだ4時になっていないと思います。
3. A 5時に会ってもらえますか？
   B もちろんです。どこで落ち合いましょうか？
4. A あなたは毎日何時に起きますか？
   B 私は毎日6時前に起きます。
5. A そのレストランはまだ開店していませんか？
   B ええ、そのレストランは7時45分まで開店しません。
6. A 私たちは間に合いますよね？
   B そう願いたいね。10時半にはそこに着くでしょう。
7. A 2時を数分過ぎたところだと思います。
   B いいえ、違います。まだ2時になっていません。

STEP 3

1. 何時ですか？ 1時ですか？
   何時ですか？ 2時ですか？
2. 私の時計は進んでいるようです。きっと7時頃です。
   私の時計は進んでいるようです。きっと8時頃です。
3. 私たちは何時か分かりません。
   彼は何時か知りません。
4. そのレストランは10時まで開店しません。
   その劇場は10時まで会場しません。
5. 私は毎日6時前に起きます。
   私は月曜日には6時前に起きます。
6. きっと6時45分頃です。私たちは遅れそうですよね？
   きっと7時頃です。私たちは遅れそうですよね？
7. すみません。正確な時間を教えてもらえますか？
   すみません。今何時か教えてもらえますか？
8. 私は正確な時間が分かります。今は3時15分です。
   私は正確な時間が分かります。今は3時16分です。
9. いいえ、分かりません。私の時計は遅れています。

いいえ、分かりません。私の時計は進んでいます。
10. 明日10時にこちらにおいでになりますか？
    明日の朝8時までにこちらにおいでになりますか？
11. （今）何時か分かりません。きっと3時頃です。
    （今）何時か分かりません。きっと正午頃です。
12. 私は間に合います。
    私は少し遅れます。
    私は少し早く着きます。
13. 私たちは昨日間に合いました。あなたは間に合いましたか？
    私たちは昨日遅れました。あなたは間に合いましたか？
    私たちは昨日早く着きました。あなたは間に合いましたか？
14. （今）何時か教えてもらえますか？ 時間を知る必要があるのです。
    （今）何時か教えてもらえますか？ 時間を知らなくてはなりません。

STEP 4

1. A すみません、今何時ですか？
   B さて、まだ4時になっていないと思いますよ。
   A そうですか。それなら、きっと3時半ですね。
   B ところで、ヘレン、明日の朝8時にここに来られますか？
   A ええ、そうします。
   B よかった。明日8時にこの部屋で会いましょう。
   A 分かりました。8時10分前にここに来ます。
   B オーケー。じゃあ、明日。
2. A 今、何時？
   B 5時を数分過ぎたところよ。
   A 君の時計は進んでいるようだ。ほら、4時55分だよ。
   B それで、私たちは間に合いそうよね？
   A ああ、遅れないさ。
   B そのレストランは何時に開くの？
   A あのレストランは6時45分まで開店しないよ。

Day 10

STEP 2

1. A おはよう、ジョン。今日は何日ですか？

B　今日は11月1日です。
2　A　今日はあなたの誕生日ですよね？
　　B　はい、今日は私の誕生日です。どうして分かったんですか？
3　A　お生まれはいつですか、メラニー？
　　B　私は1992年10月2日に生まれました。
4　A　どちらのお生まれですか？
　　B　私はカリフォルニアの小さな町で生まれました。
5　A　ご出身はどちらですか？
　　B　キングストンが私の故郷です。
6　A　どこで育ったのですか？　ニューヨーク育ちですか？
　　B　はい、私はニューヨークで育ちました。
7　A　あなたはどこの高校に通いましたか？
　　B　私はマディソン高校に通いました。

STEP 3

1　すみません、ジャック。今日は何日ですか？
　　すみません、サリー。今日は何日ですか？
2　今日は11月1日です。
　　今日は11月7日です。
3　私は正確な日にちを知りません。
　　私は正確な月を知りません。
4　どちらのお生まれですか？
　　彼はどちらのお生まれですか？
5　私は1988年4月29日に生まれました。
　　彼は1968年7月2日に生まれました。
6　私はニューヨークの小さな町で生まれました。
　　私はカリフォルニアの小さな都市で生まれました。
7　ご出身はどちらですか？
　　彼の出身はどちらですか？
8　マディソンが私の故郷です。
　　デイトンが彼の故郷です。
9　彼女はここから遠いところで生まれました。
　　彼女はここから近いところで生まれました。
10　妹は2005年生まれよね？
　　あなたは2005年生まれですよね？
11　どこで育ったのですか？
　　彼女はどこで育ったのですか？
12　私はアメリカのシカゴで育ちました。
　　ナオコは日本の東京で育ちました。
13　あなたはどこの学校に通ったのですか？
　　あなたはどこの大学に通ったのですか？

14　私はマディソン高校に通いました。
　　私はマディソン大学に通いました。

STEP 4

1　A　やあ、ビル。今朝の気分はどう？
　　B　おかげで元気だよ。君はどうだい？
　　A　僕も元気さ。おかげさまで。今日は何日だっけ？
　　B　今日は11月9日だよ。君の誕生日じゃないのかい？
　　A　いや、違うよ。僕の誕生日は11月12日だ。
　　B　そうか。君はニューヨーク生まれかい？
　　A　僕はニュージャージーの小さな町で生まれたんだ。ニューヨークから遠くないよ。君はどこで生まれたの？　アメリカで生まれたの？
　　B　いや、僕はカナダのオンタリオで生まれたんだ。
2　A　おはよう、スザンナ。元気でやってる？
　　B　結構元気よ、ヘレン。
　　A　スザンナ、あなたはどこの高校に通っていたの？
　　B　私はマディソン高校に通っていたの。あなたの出身はどこ、ヘレン？
　　A　サンディエゴが私の故郷よ。
　　B　そう。私はマディソンで育ったの。
　　A　そこがあなたの故郷？
　　B　うん、マディソンが私の故郷よ。

Day 11

STEP 2

1　A　何が欲しいですか？
　　B　コーヒーを1杯いただきたいです。
2　A　何を食べたいですか、ジョン？
　　B　パイを1切れください。
3　A　どちらがいいですか ── これですか、それともあれですか？
　　B　私は（どちらでも）構いません。
4　A　ジョーンズさんかスミスさんと話したいのですが。
　　B　申し訳ありませんが、ただ今2人とも手が離せない状態です。
5　A　この人たちのうち、誰か知っていますか？
　　B　彼らは皆、私の友人です。
6　A　左側の背の高い人がテイラーさんですか？
　　B　はい、彼です。左側がテイラーさんです。

7　A　コーヒーはいかがですか？
　　B　差し支えなければ、お茶にしていただけますか。

STEP 3

1　何が欲しい、ビル？
　　何が欲しいですか、ジョーンズさん？
2　コーヒーは欲しくありません。牛乳を1杯いただきたいです。
　　コーヒーは欲しくありません。水を1杯いただきたいです。
3　失礼します。何を召し上がりますか？
　　失礼します。何をお飲みになりますか？
4　ケーキを1切れください。
　　パイを少しください。
　　アイスクリームをもう少しください。
5　どちらがいいですか？――これですか、それともあれですか？
　　どちらのカップがいいですか？――これですか、それともあれですか？
6　彼らは皆、私の友人です。
　　彼らのうち2、3人は私の友人です。
　　彼らは誰も私の友人ではありません。
7　あの人たちを知っていると思います。彼らのうち2、3人は見覚えがあります。
　　あの人たちを知っていると思います。彼らのうち何人かは見覚えがあります。
　　あの人たちを知っていると思います。彼らのほとんどが見覚えがあります。
8　あれがテイラーさんですか？　左側の背の高い男性が彼ですか？
　　あれがテイラーさんですか？　左側のやせた男性が彼ですか？
9　左側の男性は知りません。あれがテイラーさんですか？
　　右側の男性は知りません。あれがテイラーさんですか？
　　中央の男性は知りません。あれがテイラーさんですか？
10　差し支えなければ、テイラーさんと話したいのですが。
　　差し支えなければ、ヘレンと話したいのですが。
11　コーヒーにしますか、それともお茶にしますか？
　　パイにしますか、それともケーキにしますか？
　　ホットココアにしますか、それとも牛乳にしますか？
12　差し支えなければ、お茶にしていただけますか。
　　差し支えなければ、ケーキにしていただけますか。
　　差し支えなければ、水にしていただけますか。
13　コーヒーはあまり欲しくありません。お茶はありますか？
　　アイスクリームはあまり欲しくありません。フルーツはありますか？
　　ジュースはあまり欲しくありません。水はありますか？
14　左側の男性がテイラーさんですか？
　　左側の女性がクリント夫人ですか？
　　左側の男の子がジョンですか？

STEP 4

1　A　何にする、ジョン？
　　B　さあ、どうしよう。君は何にするの、ビル？
　　A　僕はコーヒー1杯とケーキを1切れもらうよ。
　　B　うーん、あのケーキはすごくおいしそうだね。僕もひとつもらおうかな。
　　A　それと一緒にコーヒーもどう？
　　B　いや、コーヒーは欲しくない。僕はお茶の方がいいな。
　　A　何が食べたい？
　　B　僕はサラダをもらいたいな。
2　A　おはようございます。どのようなご用件でしょうか？
　　B　私たちはハリソンさんかクーパーさんと話がしたいのですが。
　　A　申し訳ありませんが、ただ今2人とも手が離せない状態です。
　　B　そうですか。ほかの方とお話できますか？
　　A　クリントさんがお手伝いできます。あちらにいる男性たちが見えますか？
　　B　はい。どの人がクリントさんですか？
　　A　左側の人が彼です。

Day 12

STEP 2

1　A　英語は話せますか？
　　B　はい、少し。

308

2　A　あなたは何カ国語を話せますか？
　　B　私は韓国語と英語しか話せません。
3　A　お友達は韓国語が話せますか？
　　B　はい、話せます。私の友達は韓国語の読み書きもできます。
4　A　あなたは流ちょうに英語を話せますか？
　　B　はい、話せます。でも、時々間違えます。
5　A　あなたは英語をかなりうまく話せますか？
　　B　そうでもありません。発音でとても苦労しています。
6　A　ジョージの母語は何ですか？
　　B　彼の母語はフランス語です。
7　A　ヘレンの英語はどうですか？
　　B　彼女の英語は下手ではありません。

STEP 3

1　英語は話せますか？
　中国語は話せますか？
2　はい、話せます。私は流ちょうに英語を話せます。
　はい、話せます。私は英語を少し話せます。
3　お友達は英語が話せますか？
　お友達はスペイン語が話せますか？
4　キムさんは英語を話すときに、韓国語のなまりがありません。
　ワンさんは英語を話すときに、中国語のなまりがありません。
5　お友達の母語は何ですか？　日本語ですか？
　ヘレンの母語は何ですか？　日本語ですか？
6　私の友達のマシュー・スミスは韓国語の読み書きができます。
　私の友達のハリー・ジョーンズは中国語の読み書きができます。
7　彼は米語なまりのフランス語を話しますよね？
　彼はイタリア語なまりのフランス語を話しますよね？
8　私は英語を話すときに時々間違えます。あなたもそうですか？
　私は英語を話すときによく間違えます。あなたもそうですか？
9　私は発音でとても苦労しています。あなたもそうですか？
　私は文法でとても苦労しています。あなたもそうですか？
10　彼女の英語はどうですか？　かなり上手ですか？
　彼女の韓国語はどうですか？　かなり上手ですか？

11　英語はどれくらいうまく話せますか？
　彼は英語をどれくらいうまく話せますか？
12　彼は英語を完璧に話します。
　彼は英語をほんの少し話します。
13　彼女の英語は下手ではありません。
　彼女の韓国語は下手ではありません。
14　あなたは何カ国語を話せますか？
　あなたのお父さんは何カ国語を話せますか？

STEP 4

1　A　ご家族は中国語が話せますか？
　　B　はい、私の両親はどちらも流ちょうに中国語を話します。でも、私は米語なまりの中国語を話します。
　　A　あなたは中国語を話すときに間違えますか？
　　B　ええ。しょっちゅう発音を間違えます。
　　A　ご両親が中国語で話すときに理解できますか？
　　B　ええ、完璧に分かります。
　　A　あなたのご両親は、何カ国語を話せますか？
　　B　2つです。彼らは中国語と英語の両方を話せます。
2　A　君の友達の母語は日本語だよね？
　　B　うん、そうだよ。だけど、彼は英語をとてもうまくしゃべれるんだ。
　　A　彼は日本語なまりの英語を話すの？
　　B　うん、そうだね。彼は日本語なまりがある。
　　A　僕の友達の母語はスペイン語だけど、彼は英語も結構うまいんだ。
　　B　彼は発音でかなり苦労してる？
　　A　うん、している。それに、彼はつづりでとても苦労してるよ。

Day 13

STEP 2

1　A　何をしているのですか？
　　B　本を読んでいます。
2　A　あなたの友達は何をしているのですか？
　　B　彼は明日の試験のために勉強しています。彼は今、とても忙しいのです。
3　A　何をしているのですか、リズ？
　　B　私は、今は何もしていません。
4　A　どこへ行くのですか、ヘンリー？

B 家に帰るところです。
5　A 何時に帰ってきますか、ヘンリー？
　　B 帰りが何時になるかは、はっきり分かりません。
6　A 私は3時頃に帰ってきます。何をしているのですか？
　　B ハワイの友達にメールしています。
7　A 何を考えているのですか？
　　B 自分の休暇について考えています。

STEP 3

1　やあ、ビル。何をしているのですか？
　　おはよう、ビル。何をしているのですか？
2　本を読んでいます。あなたは今、何をしているのですか？
　　雑誌を読んでいます。あなたは今、何をしているのですか？
3　あなたの友達は今、何をしているのですか？
　　フィリップは今、何をしているのですか？
4　彼は明日の試験のために勉強しています。
　　彼は明日の試験の準備をしています。
　　彼は明日の試験のために復習しています。
5　私は、今は何もしていません。
　　私は、今のところ何もしていません。
6　午後はどちらに行かれるのですか？
　　午後、私たちはどこに行くのですか？
7　家に帰るところです。
　　マーケットに行くところです。
8　私たちの帰りが何時になるか、知っていますか？
　　彼らの帰りが何時になるか、知っていますか？
9　帰りが何時になるかは、はっきり分かりません。
　　彼の帰りが何時になるかは、はっきり分かりません。
10　私たちは12時前に帰ってきます。
　　私は12時前に帰ってきます。
11　何を考えているのですか？
　　誰のことを考えているのですか？
12　大好きなアイドルについて考えています。
　　友達について考えています。
13　誰にメールしているのですか？
　　誰を待っているのですか？
14　ジャクソンさんにメールしています。
　　ジャクソンさんを待っています。

STEP 4

1　A 何をしているの、ジョン？　誰かを待っているの？
　　B いや、誰も待ってないよ。メールを書いているんだ。
　　A 誰に書いてるの？
　　B ジャクソンさんに、僕の休暇について書いているんだ。
　　A ああ、そうか。私も休暇について考えているところよ。
　　B あ、そうなんだ。休暇はどこへ行くの？
　　A まだはっきり分からないけど、山に行こうかと思ってる。
　　B それはいいね。
2　A どちらへ行かれるんですか？
　　B 家に帰るところです。あなたは？　あなたも家に帰るところですか？
　　A ええ。でも僕は今、妹を待っているところです。
　　B 妹さんはどちらですか？
　　A あそこで自分の友達と話しています。
　　B ああ、そうですね。（彼女が）見えます。
　　A ところで、今夜のピーターのパーティーには行かれるんですか？
　　B いいえ、彼のパーティーには行きません。今夜はジムの誕生パーティーに行くんです。

Day 14

STEP 2

1　A おいくつですか？
　　B 私は27歳です。私はあなたより2つ上です。
2　A あなたの弟さん（お兄さん）はおいくつですか？
　　B 弟（兄）はまだ25歳になっていません。
3　A ジョンはまだ60歳になっていませんよね？
　　B なっていないと思います。スミスさんはまだ50代だろうと思います。
4　A 私はこの前の誕生日で30歳になりました。
　　B えっ、本当に？
5　A ご家族は何人ですか？
　　B うちは全部で4人です。
6　A 家族の中であなたが一番年上ですか？

B いいえ、違います。私は一番年下です。
7 A 私が何歳か、当ててください。
B 私が見たところ、あなたは30歳くらいでしょう。

STEP 3

1 おいくつですか？
  彼女はおいくつですか？
2 私はあなたより1つ上だと思います。
  彼女はあなたより1つ上だと思います。
3 弟（兄）はまだ25歳になっていません。
  妹（姉）はまだ25歳になっていません。
4 ピッツさんはまだ30代ですよね？
  ピッツさんはまだ40代ですよね？
5 弟は私より2つ下です。
  友達のトムは私より2つ下です。
6 ご家族は何人ですか？
  あなたのクラスは何人ですか？
7 うちは全部で7人です。
  全部で25名です。
8 私が一番年上です。
  私が一番年下です。
9 私が何歳か、当ててください。
  私の友達が何歳か、当ててください。
10 私が見たところ、あなたは23歳くらいでしょう。当たっていますか？
  私が見たところ、あなたはもう少しで23歳でしょう。当たっていますか？
11 私は先週の金曜日に24歳になったばかりです。
  姉（妹）は先週の金曜日に24歳になったばかりです。
12 デビッドはまだ30歳になっていませんよね？
  あなたはまだ30歳になっていませんよね？
13 私は来週の火曜日で21歳になります。
  私の友達は来週の火曜日で21歳になります。
14 私が見たところ、あなたは21歳くらいでしょう。
  私が見たところ、あなたは21歳に近いでしょう。

STEP 4

1 A わぁ、その赤いシャツはよく似合っているわね！ とても若く見えるわ。
  B 本当？ ありがとう。ところで、僕が何歳か、当てられる？
  A そうね。私が見たところ、あなたは26歳ぐらいじゃないかしら。
  B なるほど、僕は先週、30歳になったばかりなんだ。
  A 本当？ 私はあなたより2つ上よ。
  B 君の妹さんは？ 彼女はまだ20代？
  A ええ、そうよ。彼女は私より3つ下なの。
2 A これから家に帰るの、フレッド？
  B うん、そう。今晩、家族で母さんの誕生日を祝うんだ。
  A わあ、いいですね！ ご家族は何人ですか？
  B うちは全部で12人なんだ。
  A 大家族なんですね。うちは5人だけよ。
  B そう。君はきょうだいは何人いるの？
  A 兄が1人と妹が1人います。兄は私より5つ上なの。

Day 15

STEP 2

1 A あなたは普段は毎日何時に起きますか？
  B 普段は早く目が覚めます。私は6時に起きます。
2 A あなたは朝食をたっぷりとりますか？
  B はい、とります。普段、私は朝食をたっぷりとります。
3 A あなたは朝食に普段は何を食べますか？
  B 朝食にはジュース、シリアル、トーストとコーヒーをとります。
4 A あなたは朝、何時に家を出ますか？
  B 私は毎日、午前8時頃に家を出ます。
5 A あなたは何か運動はしていますか？
  B はい、しています。私は朝、運動します。
6 A あなたは毎日何時に昼食をとりますか？
  B 私は12時半頃にお昼を食べに出ます。
7 A あなたは何時に夕飯を食べますか？
  B 私は7時頃、夕飯を食べます。

STEP 3

1 あなたは毎日何時に起きますか？
  彼女は毎日何時に起きるのですか？
2 普段は早く起きます。あなたもそうですか？
  普段は早く夕食をとります。あなたもそうですか？

普段は早く出勤します。あなたもそうですか？
3　私は着替えたあとに朝食をとります。
　　彼は服を着たあとに朝食をとります。
4　通常私は毎朝、朝食をたっぷりとります。
　　通常私は毎朝、朝食をかなり軽めにとります。
5　兄（弟）は私より遅く家を出ます。
　　兄（弟）は私よりずっと早く家を出ます。
6　私は毎朝9時に職場に着きます。
　　私の上司は毎朝9時に職場に着きます。
7　私は午後5時45分に仕事を終えます。あなたは何時に仕事を終えますか？
　　私は午後5時45分に夕飯を食べ終わります。あなたは何時に夕飯を食べ終わりますか？
8　私は夕飯を食べる前に、しばらく新聞を読みます。
　　私は夕飯を食べる前に、しばらくテレビを見ます。
9　私は朝食をとったあとに新聞を読みます。
　　私は朝食をとる前に新聞を読みます。
　　私は朝食をとるときに新聞を読みます。
10　私はよく、朝食をたっぷりとります。
　　私は時々、朝食をたっぷりとります。
　　私は普段、朝食をたっぷりとります。
11　あなたは何か運動はしていますか？
　　あなたは少しは散歩をしていますか？
12　はい、しています。私は朝、運動します。
　　はい、しています。私は朝、散歩します。
13　あなたは普段、何時に寝ますか？
　　彼は普段、何時に寝ますか？
14　私は普段、夜12時頃寝ます。
　　私は普段、10時頃寝ます。

STEP 4

1　A　ジョン、何か運動はしているんですか？
　　B　そうですね、僕は朝、運動してますよ。
　　A　本当ですか？　朝は何時に起きるんですか？
　　B　僕は5時半頃、早くに目が覚めるんですが、たいてい起きるのは6時です。あなたはどうですか？
　　A　そうですね、私は6時前に起きます。
　　B　何時に走りに出かけるんですか？
　　A　7時に走ることもありますけど、たいていは6時に起きてすぐですね。
　　B　よし。僕は通常7時に走ってます。7時に落ち合って、一緒に走るというのはどうですか？
2　A　仕事は何時に終わるんですか？

B　私は夜7時に仕事を終えます。
A　仕事が終わったあとは何をしているんですか？
B　8時半頃に夕飯を食べます。
A　夕食のあとは普段何をするんですか？
B　しばらく新聞を読みます。
A　私もです。では、寝るのは何時ですか？
B　私は普段11時頃寝ます。

Day 16

STEP 2

1　A　昨日の朝は何時に起きましたか、ジョン？
　　B　早く目が覚めて、6時に起きました。
2　A　昨日の朝は早く起きたのですか、リズ？
　　B　はい、でも弟（兄）は私より早く起きました。
3　A　昨日の朝は何時に家を出たのですか？
　　B　8時頃に家を出て、8時30分に職場に着きました。
4　A　昨日は一日中仕事をしたのですか、ビル？
　　B　はい、しました。朝早くから夜遅くまで働きました。
5　A　昨日は何時に昼食に出かけたのですか？
　　B　正午に友達とお昼を食べました。
6　A　昨日の夜は夕食のあと何をしましたか？
　　B　夕食のあと、メールをチェックして本を読みました。
7　A　昨日の夜は早く寝たのですか？
　　B　はい、とても疲れていたので、すぐに眠ってしまいました。

STEP 3

1　早く目が覚めて、すぐ服を着ました。
　　7時に朝食をとって、すぐ服を着ました。
2　昨日は早く目が覚めたのではないですか？
　　昨日は早く職場に着いたのではないですか？
3　昨日はどんな朝食をとりましたか？
　　昨日はどんな昼食をとりましたか？
　　昨日はどんな夕食をとりましたか？
4　昨日は何時に学校に着きましたか？　遅かったですか？
　　昨日は何時に家に着きましたか？　遅かったですか？
5　私たちは8時に家を出て、8時30分に職場に着きました。
　　彼女は8時に家を出て、8時30分に職場に着きました。

ハリーは8時に家を出て、8時30分に職場に着きました。
6 昨日は一日中仕事をしたのですか、シンプソンさん？
昨日の午前中はずっと仕事をしたのですか、シンプソンさん？
7 あなたは起きてすぐに服を着ましたか？
あなたは起きてすぐに運動しましたか？
8 正午に友達とお昼を食べました。
正午に職場の同僚たちとお昼を食べました。
9 私は5時30分に仕事を終えて帰宅しました。
私は5時30分に仕事を終えて、友達と一緒に帰宅しました。
10 夕食のあと、メールをチェックして雑誌を読みました。
夕食のあと、テレビを見ました。
11 昨日の夜は11時半頃に寝ました。
昨日の夜は11時半過ぎに寝ました。
12 昨夜はすぐに寝つきましたか、ビル？
昨夜は寝つくのが遅かったですか、ビル？
13 仕事が終わって、夕飯を食べに家に帰りました。
学校が終わって、本を何冊か買いに書店に行きました。
14 私はしばらくの間、本を読みました。
私は夜遅くまで、本を読みました。

STEP 4

1 A こんにちは、ジョン。今日の打ち合わせには遅れずに来たんじゃない？
 B ああ、そうさ。今朝は家を早く出たんだ。
 A 何時に家を出たの？
 B 8時頃に家を出たよ。普段は8時半前に家を出るんだけど。
 A 何時に起きたの？
 B 早く目覚めて、7時に起きたよ。
 A あなたにしては上出来ね！
2 A 昨日は一日中仕事をしたの？
 B ああ、した。朝早くから夜遅くまで働いたよ。
 A 昼食は？ お昼を食べたの？
 B うん、昨日は友達とお昼を食べたんだ。
 A 何時に家に帰ったの？
 B 6時に家に帰ったよ。
 A 昨夜は夕食のあとに何をしたの？
 B 夕食のあとにメールをチェックして、11時まで仕事をしたよ。

Day 17

STEP 2

1 A こんにちは、ポール。昨日の午後はどこへ行ったんですか？
 B 友達に会いに行きました。
2 A 昨日はジョーンズさんに会いましたか、リズ？
 B いいえ、会いませんでした。ジョーンズさんには会いませんでしたが、マシュー・スミスには会いました。
3 A 昨日の午後、ジャクソンさんと話をしましたか？
 B はい、しました。私は彼にたくさんの質問をしました。
4 A ジャクソンさんに何をたずねたのですか、ジョン？
 B えーと、彼に英語が話せるかどうかたずねました。
5 A 何の話をしたのですか？
 B 彼にニューヨークに誰か知り合いがいないか、たずねました。
6 A 彼は何と言いましたか？
 B 彼は、向こうに何人か知り合いがいると言っていました。
7 A ブラウンさんに、彼が何歳かたずねましたか？
 B はい、たずねました。彼は自分の年齢はあまり言いたくないと言ってました。

STEP 3

1 こんにちは、ビル。昨日はどこへ行きましたか？
 こんにちは、ビル。昨夜はどこに行きましたか？
2 昨日の午後は、友達に会いに行きました。
 昨日の午前中は、友達に会いに行きました。
3 昨日の朝、ジョーンズさんに会いましたか？
 彼は昨日の朝、ジョーンズさんに会いましたか？
4 ジョーンズさんには会いませんでしたが、マシュー・スミスには会いました。
 ジョーンズさんには会いませんでしたが、友達のマシューには会いました。
5 何を話したのですか？ 彼女は私について何と言っていましたか？
 何を話したのですか？ 彼女は私の仕事について何と言っていましたか？
6 私たちはいろんなことを話しました。彼女はあなたをいい人だと言っていましたよ。

313

私たちはいろんなことを話しました。彼女はそれを素晴らしいと言っていましたよ。
7 昨夜、私は彼にたくさんの質問をしました。
昨夜、私は彼女にたくさんの質問をしました。
8 私は彼に、英語が話せるかどうかたずねました。彼は話せると言いました。
私は彼に、コーヒーを一杯飲みたいかたずねました。彼は飲みたいと言いました。
9 彼はお茶の方がいいと言いました。
彼は軽い朝食の方がいいと言いました。
10 彼に、ニューヨークに誰か知り合いがいないか、たずねました。彼はいると言いました。
私はジェイスンに、ニューヨークに誰か知り合いがいないか、たずねました。彼はいると言いました。
11 彼は何と言いましたか？
あなたは何と言いましたか？
12 彼は自分が何歳か言いませんでしたよね？
彼はジョン・スミスが何歳か言いませんでしたよね？
13 彼に、ロンドンに誰か知り合いがいないか、たずねましたか？
彼に、パリに誰か知り合いがいないか、たずねましたか？
14 彼は私の質問にあまり答えたくないと言いました。
彼は私の質問に答えたくないと言いました。

STEP 4

1 A 昨日、あなたはどこに行っていたんですか、ブライアン？ マシュー・スミスには会ったんですか？
  B ええ、会いました。昨日の午後、彼に会いました。
  A 何の話をしたんですか？
  B いろんなことを話しましたよ。そして、僕は彼にたくさん質問をしました。
  A 何を聞いたんですか？
  B 彼に、ニューヨークに誰か知っている人がいないかたずねたんです。
  A 彼は何と言いました？
  B 向こうに友達がいると言ってました。
2 A コーヒーを一杯いかがですか、ダイアン？
  B 差し支えなければ、お茶にしていただけますか。
  A いいですよ。ところで、ハリーに会いました？
  B ええ。私は彼に、英語をいくらか話せるかたずねました。
  A 彼は何と言いました？

B そうですね、英語は少し話せると言ってました。
A それはいい。彼が何歳か聞きました？
B ええ、でも彼は、自分の年齢はあまり言いたくないと言ってました。

Day 18

STEP 2

1 A 去年は何時に起きていましたか？
  B 私は早く目が覚めて、7時に起きていました。
2 A 仕事に遅れずに着いていましたか？
  B はい。私は仕事に遅刻したことはありませんでした。
3 A 朝は何をしていましたか？
  B 毎日朝早く、同じ時間に散歩をしたものでした。
4 A 普段は職場にいつ（何時に）着いていましたか？
  B 私は普段、9時前に職場に着いていました。
5 A 夏休みはどこに行っていましたか？
  B 毎年夏に、おばの家に行っていました。
6 A 弟さん（お兄さん）とは仲がよかったのですか？
  B はい、弟（兄）と私はよく一緒にブラブラと過ごしたものです。
7 A 友達はたくさんいましたか？
  B はい、面白い友達がたくさんいました。

STEP 3

1 去年は何時に起きていましたか？
  5年前は何時に起きていましたか？
2 私は早く目が覚めて、7時に起きていました。
  ケリーは早く目が覚めて、7時に起きていました。
3 私はたいてい早く寝ていました。
  私は時々早く寝ていました。
4 私は毎朝、同じ時間に散歩をしたものでした。
  私は毎晩、同じ時間にテレビを見たものでした。
5 私はきっかり8時30分に、仕事に出かけていました。
  私は7時きっかりに、仕事に出かけていました。
6 私は普段、9時前に職場に着いていました。
  私は普段、9時過ぎに職場に着いていました。
7 私は仕事に遅刻したことはありませんでした。
  私は授業に遅刻したことはありませんでした。
8 私は毎日、夜7時近くまで仕事をしていました。

私は毎日、夜7時過ぎまで仕事をしていました。
9 夏休みはどこに行っていましたか？
 冬休みはどこに行っていましたか？
10 毎年夏に、おばの家に行っていました。
 毎年夏に、祖母の家に行っていました。
11 弟（兄）と私はよく一緒にブラブラと過ごしたものです。
 弟（兄）と私はよく一緒に遊んだものです。
12 私には、面白い友達がたくさんいました。
 私には、面白い友達が2、3人いました。
13 彼らは週一ぐらいで映画を見に行っていました。
 彼らは月一ぐらいで映画を見に行っていました。
14 私はほとんど毎日、お昼にピザを食べていました。
 私はほとんど毎日、朝食にシリアルを食べていました。

STEP 4

1 A 僕も年を取ってきたな。朝起きるのが遅い。
 B 去年は何時に起きていたんですか？
 A 朝早く目覚めて、7時には起きていたよ。
 B 早く寝ていたんですか？
 A たいてい早く寝て、寝坊なんて絶対しなかったね。
 B そうなんですか。仕事には遅刻しませんでしたか？
 A ああ。いつも8時30分きっかりに、仕事に出かけていたよ。そして毎日夜7時近くまで働いてたね。
2 A あなたは以前、映画をよく見に行っていたのですよね？
 B ええ、そうです。週一ぐらいで行っていました。
 A お友達と一緒に映画を見に行っていたんですか？
 B ええ、そうです。私たちはとても楽しく一緒に過ごしました。
 A こちらに引っ越してくる前は、どちらに住んでいたんですか？
 B 私たちは3月までアトランタに住んでいました。
 A 結婚なさる前はお仕事をされていたんですか？
 B ええ、そうです。看護師として働いていました。

Day 19

STEP 2

1 A どちらにお住まいですか、ハリー？
 B 私はサンセット通りに住んでいます。ジャックの隣に住んでいます。
2 A この近くにお住まいですか？
 B はい、そうです。リバーサイド通りのハイランドアパートに住んでいます。
3 A ここにどれくらい住んでいるのですか、ヘンリー？
 B 私はここに5年ほど住んでいます。
4 A あなたは英語をどれくらい勉強していますか？
 ずいぶん長い間、英語を勉強しているのですか？
 B ええ、これまでずっと英語を勉強してきました。
5 A あなたはこの本を読みたいですか？
 B その本はもう読みました。
6 A 朝食はもうとりましたか？
 B はい、とりました。2時間前に朝食をとりました。
7 A ケリー・ジョーンズのことは、どれくらい前から知っていますか？
 B 私は高校のときから彼女を知っています。

STEP 3

1 どちらにお住まいですか？ この近くにお住まいですか？
 彼女はどちらにお住まいですか？ この近くにお住まいですか？
2 住所はどちらですか？
 郵送先の住所はどこですか？
 あなたのメールアドレスは？
3 この近くにお住まいですか？
 彼はこの近くにお住まいですか？
4 私はグレイさんの隣に住んでいます。
 私はダイアンの隣に住んでいます。
5 私はよその町の出身です。ここに住んでほんの数日です。
 私は別の国の出身です。ここに住んでほんの数日です。
6 ここにどれくらい住んでいるのですか？
 ヘレンはここにどれくらい住んでいるのですか？
7 私はここに5年間住んでいます。
 ヘレンはここに5年間住んでいます。
8 私はこれまでずっと英語を勉強してきました。あなたもそうですか？
 私はこれまでずっとフランス語を勉強してきました。あなたもそうですか？
9 私は、その本はもう読みました。もう寝たいです。

315

私は、その番組はもう見ました。もう寝たいです。
10 まだ朝かなり早いです。朝食はもうとりましたか？
まだ朝かなり早いです。彼らは、朝食はもうとりましたか？
11 2時間前に朝食をとりました。
2時間前に帰宅しました。
12 私は高校のときから彼を知っています。
私は10年前から彼を知っています。
13 朝食はもうとりました。
今朝早くに朝食をとりました。
14 夕飯はまだ食べていません。
お昼はまだ食べていません。

STEP 4

1　A　やあ、ポール。この近くにお住まいですか？
　　B　ええ、そうです。でも、ここに住んでまだ数日なんです。僕は別の町の出身なんです。
　　A　へえ、どこに住んでいるんですか？
　　B　僕はリバーサイド通りのハイランドアパートに住んでいます。
　　A　ウィリスさんの家の近くですか？
　　B　ええ、そうなんです。ウィリスさんの隣に住んでいます。
　　A　そうですか。ウィリスさんのことは、どれくらい前から知っているんですか？
　　B　高校のときから彼を知っています。
2　A　ところで、もう朝食はとった？
　　B　ええ。朝食は2時間前にとったわ。
　　A　わぁ、かなり早いね。今朝は何時に起きたの？
　　B　6時に起きたわ。
　　A　英語の勉強をするために起きているんだよね？
　　B　うん、そう。結構大変よ。これまでずっと英語を勉強してきたんだけど。
　　A　うーん、君はよくやっているよ。この調子で頑張って。
　　B　ありがとう。

Day 20

STEP 2

1　A　昨日の午後、あなたはどこにいましたか、ビル？
　　B　私は、午後はずっと家にいました。
2　A　昨日は一日中家にいたのですか、リズ？
　　B　ええ、友人たちにメールを何通か書いていました。
3　A　昨日の午後4時頃、あなたは何をしていましたか？
　　B　その頃、私はテレビを見ていました。
4　A　私が昨日電話したとき、あなたは宿題をしていたのですか？
　　B　いいえ、あなたが電話してきたとき、私は夕飯を食べていました。
5　A　あなたがジョーンズさんを見かけたとき、彼は何をしていたのですか？
　　B　私がジョーンズさんを見かけたとき、彼はジョンと話をしていました。
6　A　ジャックの住所はどこですか？
　　B　彼の住所を忘れてしまいました。
7　A　ジョンは何時に来ると言っていましたか？
　　B　彼が何時に来ると言ったのか、忘れてしまいました。

STEP 3

1　昨日の午後、あなたはどこにいましたか？
　昨日の午後、ビルはどこにいたのですか？
2　私は、昨日の午後はずっと家にいました。
　私は、昨日の午後はずっと学校にいました。
　私は、昨日の午後はずっと自分の会社にいました。
3　私は昨日、友人たちにメールを何通か書いていました。
　私は昨日、友人たちと買い物をしていました。
4　昨日の4時頃、あなたは何をしていましたか？
　昨日の4時頃、あなたは何を勉強していましたか？
5　私はその頃、テレビを見ていました。
　私はその頃、映画を見ていました。
6　私が昨日電話したとき、あなたは宿題をしていたのですか？
　私が昨日電話したとき、あなたは夕飯を食べていたのですか？
7　昨日、あなたが電話してきたとき、私は夕飯を食べていました。
　昨日、あなたが彼女に電話したとき、彼女はちょうど家を出ようとしていました。
8　私がジョーンズさんを見かけたときには、彼はマシュー・スミスと話をしていました。
　私がジョーンズさんを見かけたとき、彼は仕事に行くところでした。

9 あなたがメールを書いている間、私は電話で話していました。
あなたがメールを書いている間、私はテレビを見ていました。
10 ショッピングモールでお会いしたとき、どこに行くところだったのですか？
図書館でお会いしたとき、どこに行くところだったのですか？
11 私が今朝何をしていたか、当てられますか？
私が今朝どこへ行こうとしていたか、当てられますか？
12 彼が私の部屋で何をしていたのか、思い出せません。
彼女が私の部屋で何をしていたのか、思い出せません。
13 彼が何時に来ると言ったのか、忘れてしまいました。
彼が何時に電話すると言ったのか、忘れてしまいました。
14 先週の火曜日、ちょうど私たちが夕食をとっているときに、彼らは電話してきました。
先週の火曜日、ちょうど私たちが起きようとしているときに、彼らは電話してきました。

STEP 4

1 A 昨日の午後はどこにいたの、ジョン？
  B 昨日は一日中家にいたよ。一日ほとんどメールを書いてた。
  A そう。あのね、昨日ショッピングモールでグリーンさんを見かけたの。
  B 本当に？ 君が彼を見かけたとき、彼は何をしていたの？
  A 私が彼を見かけたとき、彼はサリバンさんと話をしていたわ。
  B そうか。僕が今朝何をしていたか、当てられる？
  A ううん、分からない。今朝何をしていたの？
  B 寝坊してた。日曜日だと思っていたんだ！
2 A リズ、ジャックの電話番号を知ってる？
  B いいえ、知らないわ。彼の電話番号は忘れてしまった。今は携帯電話も持ってないし。
  A ふうむ、彼は何時にパーティーに来るって言ってた？
  B あら、彼が何時に来ると言ったのか、忘れてしまったわ。
  A 昨日の夜、ジャックが電話してきたとき、君は何をしてたの？
  B メールを何通か書いていたの。

317

🔊 音声データ(MP3)について

- 付属CDには、基礎編の音声Main 1が収録されています。
- 本書のご購入者は、下記URLから申請していただければ、すべての音声ファイル（Main1~4, Training 1~2）をインターネット経由でダウンロードすることができます。MP3データをCD-Rにコピーしてもレ CDプレイヤーでは再生できませんので、ご注意ください。

　　申請サイトURL： http://www.asahipress.com/te3001nkn/

【注意】本サービスは事前の予告なしに変更もしくは中止する場合があります。あらかじめご了承ください。

💿 別売CDについて

- 上記のダウンロード用の音声と同じもの（Main 2~4, Training 1~2）を別売CDでご購入いただけます。

「Theイングリッシュ300　1.日常会話入門編」CDセット
【CD7枚組】定価：3,000円＋税

CD①	Main 2	約66分
CD②	Main 3, Main 4	約61分
CD③	Training 1 (Day 1-7)	約72分
CD④	Training 1 (Day 8-14)	約75分
CD⑤	Training 1 (Day 15-20)	約67分
CD⑥	Training 2 (Day 1-10)	約64分
CD⑦	Training 2 (Day 11-20)	約68分

- ご購入は、下記電話またはURLよりお申込みいただけます。

　　お電話： 03-3263-3321

　　申込みサイトURL：
　　http://www.asahipress.com/te3001nkn/

Edwin T. Cornelius, Jr.
1924年3月18日～2011年6月3日。テキサスクリスチャン大学とイェール大学神学校を卒業し、南米で米国公報院所属のESL (English as a Second Language)の専門教育家として活動しながら、言語学者としての歩みを始める。1961年に、全世界的に有名な言語学校ELSを設立し、1963年にはアメリカ政府の依頼を受けて『English 900』を刊行した。この英語教材が全世界で1600万部以上売れ、世界的な名声を得る。1975年に外国人のための英語教材開発を本格的にスタートさせ、1980年代には北米最大規模の英語学習ビデオプログラムのプロジェクトを進めるなど、世界中の人々に標準英語を教えることに一生を捧げた。

The イングリッシュ 300
1. 日常会話入門編
2014年4月10日　初版第1刷発行

著者	Edwin T. Cornelius, Jr.
監修	Lee Bo Young
発行者	原　雅久
発行所	株式会社 朝日出版社
	〒101-0065
	東京都千代田区西神田 3-3-5
	TEL: 03-3263-3321
	FAX: 03-5226-9599
	http://www.asahipress.com
印刷・製本	凸版印刷株式会社
CD 録音・編集	ELEC（財団法人 英語教育協議会）
DTP	メディアアート
ブックデザイン	阿部太一[GOKIGEN]

乱丁・落丁本はお取り替えいたします。
無断で複写複製することは著作権の侵害になります。
©Edwin T. Cornelius, Jr. and Asahi press, 2014
ISBN978-4-255-00768-7 C0082
Printed in Japan

300例文×3冊で
あらゆる場面に対応できる英会話が身につく!

これだけやれば必ず話せる
Theイングリッシュ300

全3巻シリーズ
1. 日常会話入門編
2. スピーキング実践編
3. オフィス英語編

Edwin T. Cornelius, Jr.=著
各2,000円(税抜き)
各320頁
🔊 各CD8枚分の音声付き (CD1枚+MP3ダウンロードサービス)

1.日常会話入門編 ⇒「発信型」の英会話の第一歩に! 好評発売中
2.スピーキング実践編 ⇒各種スピーキング試験の対策に! 好評発売中
3.オフィス英語編 ⇒オフィスの英語を身につける! 5月中旬発売予定